CB069396

A MENTIRA DAS URNAS

MAURICIO DIAS

A MENTIRA DAS URNAS
CRÔNICA SOBRE DINHEIRO & FRAUDES NAS ELEIÇÕES

EDITORA RECORD
RIO DE JANEIRO • SÃO PAULO
2004

CIP-Brasil. Catalogação-na-fonte
Sindicato Nacional dos Editores de Livros, RJ.

D533m
Dias, Mauricio
A mentira das urnas / Mauricio Dias. – Rio de Janeiro: Record, 2004.

ISBN 85-01-07129-3

1. Eleições – Brasil. 2. Campanhas eleitorais – Brasil. I. Título.

04-2050
CDD – 324.281
CDU – 324(81)

Copyright © Mauricio Dias, 2004

Capa: EG Design / Evelyn Grumach

Direitos exclusivos desta edição reservados pela
DISTRIBUIDORA RECORD DE SERVIÇOS DE IMPRENSA S.A.
Rua Argentina 171 – Rio de Janeiro, RJ – 20921-380 – Tel.: 2585-2000

Impresso no Brasil

ISBN 85-01-07129-3

PEDIDOS PELO REEMBOLSO POSTAL
Caixa Postal 23.052
Rio de Janeiro, RJ – 20922-970

EDITORA AFILIADA

Sumário

Nota do autor 7
O mercado do voto 9
O PT entra pela porta dos "fundos de campanha" 33
Antes dos votos, cifrões 61
A caixa sinuosa das eleições 93
As mais famosas "caixinhas" eleitorais 115
    Dólares na eleição da "guerra fria" 117
    A caixinha do Ademar 119
    O telhado de vidro de JK 121
    Boi indiano financia o presidencialismo 127
    O "Clube do Bilhão" de Tancredo Neves 128
    PC paga o pato 134
Máquina pública: tudo dominado 143
Dos réis aos reais (É possível controlar o mercado do voto?) 153

Notas 163
Perfis biográficos 177
Bibliografia 185

Nota do autor

Este livro tem o propósito de jogar na centrífuga política um problema que me parece de muito difícil solução para a democracia política. Falo da relação entre o dinheiro e o voto. Se não alcançar esse patamar, espero que sirva, ao menos, para fustigar os costumes políticos promíscuos.

Na elaboração da história me permiti a duas licenças. Fui mais aventuroso do que um historiador e menos especulativo do que um jornalista.

Para que o trabalho chegasse ao fim obtive apoios valiosos. Registro o meu obrigado a Gilberto "mujique" Braga e a Heloisa Valadão, que me ajudaram a encontrar alguns dos livros que precisava; a Coriolano Gatto, interlocutor atento; a Luiz César Faro, que ficou sem respostas para as perguntas que fez; a Danilo Loschi, que ouviu pacientemente minhas inquietações como parceiro quase freqüente das caminhadas matinais; a Gisele Goldoni, que foi generosa e, como sempre, pronta a aplaudir os amigos; a João

Rodrigues Arruda (o meu caro "João das Regras"), que me deu lições de balística e de paciência; ao Caulos, que trocou idéias e fez o ajuste final no título do livro.

Eliane Lobato foi a primeira a ler os originais. Leitora fundamental. Ao final, disfarçou o rigor no desempenho da tarefa com um adjetivo grande e carinhoso. Devo ao Mario, ao Pedro e à Laura, por ordem cronológica, a paciência com as insurgências do pai.

Por fim, eu me lembro que já estava de mangas arregaçadas, tocando a obra, quando fiz várias visitas a Raymundo Faoro, então no leito do hospital. Algumas delas em companhia de Mino Carta. Duas ou três histórias, das muitas incluídas neste livro, o fizeram abrir o sorriso. É claro que Faoro, navegador da cultura de longo curso, nada tem a ver com as limitações do autor e nem com as opiniões por mim emitidas. Esse episódio singelo aparece aqui, de súbito, certamente trazido pela emoção que carrego de ter feito um amigo sorrir.

O mercado do voto

"Os votos, como qualquer outra mercadoria, podem ser comprados."

Norberto Bobbio[1]

"Eu, pobre rapaz sem experiência,
ficava embasbacado quando ouvia dizer
que todo o mal das eleições estava no método;
mas não tendo outra escola, acreditava que sim,
e esperava a lei."

Machado de Assis[2]

O diálogo entre Norberto Bobbio (1910-2004) e Machado de Assis (1839-1908) é possível de ser imaginado ainda hoje, no início do século XXI, porque o uso do dinheiro, problema essencial das eleições nas democracias políticas, ainda está para ser resolvido. O pensador italiano fala de maneira objetiva sobre a relação entre dinheiro e voto. O romancista brasileiro, sob o véu da ironia, denuncia a obsessão com a formalidade de quem só vê a "realidade legislada e não seus pressupostos sociais e econômicos".³

Os procedimentos legais, encobrindo obviamente interesses políticos, ora excluem os eleitores — no vaivém do confronto voto universal *versus* voto restrito —, ora selecionam os eleitos, definindo critérios que beneficiam uma ou outra corrente partidária, mas com um só objetivo: controlar o voto.

A fraude primária, em inúmeras e curiosas manifestações, foi a primeira geração de expedientes ilegais usados para mudar ou abafar a voz das urnas. O eleitor, muitas vezes, chegava à cabine eleitoral sem saber o nome do candidato impresso na cédula que trazia à mão. Eventualmente, segurava uma cédula contrária ao seu desejo, e outras vezes não sabia o nome de batismo que deveria usar em determinadas seções eleitorais. O político gaúcho João Neves da Fontoura contou o que viu na cidade de Cachoeira (RS). A história resume o espírito das eleições nas primeiras décadas da República.

> A certa hora apresentou-se um cidadão, e ia depositar a cédula pró-Assis Brasil, na urna, quando eu, sabendo sem dúvida que ele não era a pessoa cujo nome figurava no título, indaguei: "Como é mesmo o seu nome?" O homem titubeou. Terminou virando-se para trás e perguntando em voz alta aos que o tinham levado: "Como é mesmo o meu nome?"⁴

No Segundo Reinado, os precursores desse processo construíram a fantasia da "democracia coroada" que, no entanto, ruiu diante de um jogo eleitoral que combinava "trapaça, falsidade, traição, imoralidade, corrupção e violência".[5]

O tempo passou e fez mudanças substanciais nos costumes sem alterar, na mesma dimensão, os dados sociais que sustentavam "um sistema de dominação e não de representação".[6] Em 1932 nasceu a Justiça Eleitoral. A truculência do Brasil rural foi cedendo lugar a outras espertezas humanas sem, entretanto, fazê-las desaparecer de vez. O título de eleitor criou um eleitorado relativamente estável mas não abalou o milagre político de ressuscitação dos mortos que sempre ocorre nos dias de eleição. Da urbanização, que deixou marcas econômicas e políticas profundas nos anos 1950 e 1960, emergiu o uso do dinheiro que, ao longo do tempo, se somou à televisão e ao *marketing*, compondo uma trindade maligna que desvirtua a formação do consenso político. A extensão e a profundidade dessa interferência, em função de dificuldades de toda ordem, ainda não foram avaliadas. Aliás, parece mesmo um tema escasso na literatura sobre eleições em todos os quadrantes do mundo.

> Fora dos Estados Unidos, é rara a pesquisa empírica sobre o impacto do financiamento de campanha, porque pouquíssimos países permitem aos candidatos levantar e gastar fundos. A maioria dos países adota alguma forma de financiamento público ou proíbe que os candidatos pessoalmente levantem ou gastem dinheiro nas campanhas.[7]

O sistema de prestação de contas das doações de campanha, adotado no Brasil, é considerado uma contribuição importante para o estudo da influência do dinheiro no processo eleitoral, mesmo que não leve em conta a parte invisível de recursos que entra pelo caixa dois. As informações que circulam sobre o dinheiro marginal podem ser exageradas e, talvez, façam tudo parecer pior do que é. A prestação de contas no Tribunal Superior Eleitoral (TSE), é impossível negar, tem problemas de credibilidade em relação aos gastos dos candidatos, mas ela permite, apesar das falhas, abrir caminhos para investigar o que se passa.

Quando se trata de avaliar se a urna é ou não é mentirosa é que se vê que a legislação — embora fundamental — não é tudo. E numa densa floresta de leis e normas é possível até que se torne mais difícil a ação da lei. Pouco depois de a Justiça Eleitoral divulgar as regras básicas que nortearam as eleições presidenciais de 2002, os legisladores ficaram expostos a análises inquietantes para as quais, seguramente, não há respostas convincentes.

> É duvidoso que a garantia de eleições democráticas custe uma lei básica que, depois de sancionada pelo presidente da República, desfila com cerca de 107 artigos, 193 parágrafos e 120 incisos, além de 12 modelos de fichas a serem preenchidas por partidos, candidatos e responsáveis financeiros pelas campanhas (...) A nossa lei eleitoral básica

lembrou-me, entretanto, uma das que já estiveram em vigor na vizinha Colômbia, cuidadosa nos pormenores burocráticos e nada respeitável quanto a sua seriedade.[8]

Em países com grande concentração de riqueza como o Brasil — produtor, portanto, de muita injustiça e desigualdade —, a legitimidade da eleição, que se expressa na opinião da maioria, tem um grau de contaminação produzido pelo dinheiro que falseia a representação e, muitas vezes, alcança o patamar que o romancista José de Alencar por razões similares — em outro tempo — chamou de "extorsão da soberania popular".[9] O dinheiro deturpa e, em certos casos, determina a vontade do eleitor, e a eleição deixa de ser reflexo da livre vontade do cidadão e passa a ser uma mentira.

Considerando-se apenas o tamanho do corpo eleitoral, o Brasil atingiu, em 2002, uma invejável posição no rol das democracias políticas. Havia 115.254.113 eleitores inscritos, em um universo de 169.799.170 habitantes.[10] Nada mau para um país periférico. A universalização do voto aproxima a democracia da sua utopia: um governo de todos, por todos e para todos. É bom para a democracia uma grande quantidade de eleitores. Significa, em tese, mais participação e maior envolvimento social. Mas isso não basta. O ato de votar exige a possibilidade de exercitar a liberdade de escolha e vai, portanto, muito além do gesto mecânico na solidão da cabine eleitoral. Essa liberdade se sustenta em condições espirituais fornecidas pela alforria material que dá ao cidadão independência diante do poder público ou do poder privado.

A democracia política, no entanto, não oferece essas precondições a todos.

A fotografia do eleitorado em 2002 expõe a desigualdade social brasileira. Havia 25.665.393 analfabetos e 57.268.790 pessoas com, no máximo, três anos de estudo, ou seja, sem o primário completo.[11] Cerca de 56 milhões de cidadãos viviam na pobreza[12] e eram, portanto, obedientes ao poder. Qualquer que fosse o poder.

> A existência de pressões sociais e econômicas muito fortes dificulta ao eleitor ter a mera idéia de uma escolha entre duas decisões que se lhe apresentem em igualdade de condições diante dos olhos. O que a maioria faz é cumprir as ordens daqueles sob cuja dependência econômica vivem.[13]

Seria melhor, por isso, tirar deles o direito do voto? Durante muitos anos pareceu que sim a homens como Rui Barbosa e Afonso Arinos, dois expoentes típicos — cada um a seu tempo — do liberalismo brasileiro.

Um argumenta com olhar lançado de cima:

> Não há classe mais digna de interesse que a do operário. Mas é educando-a que seus verdadeiros amigos, noutros países, buscam aproximá-la do governo.

> Ora, enquanto não quiserdes o voto universal, a educação política dessa classe não pode constituir em incutir-se-lhe a idéia de que a questão suprema nos governos populares está no voto de todo mundo, quando, evidentemente, da seleção segura do eleitorado e da independência do voto é que há de partir a generalização progressiva do sufrágio.[14]

O outro expõe os elos do liberalismo com o preconceito social.

> Mas no regime democrático de governo, repetimos, a legitimidade da investidura dos governantes no poder é indispensável. Como compatibilizar, então, a incapacidade de escolha dos governantes pela grande massa de eleitores, com a absoluta necessidade de que isto ocorra? Esse é o papel político primacial e intransferivelmente delegado aos partidos, para que o funcionamento das democracias não se corrompa nas suas bases.[15]

No Brasil, no entanto, ninguém, nem antes nem depois do diplomata e político bissexto Gilberto Amado, refletiu com tanta clareza e corajosa honestidade intelectual a opção por um processo de representação elitista a partir da seleção dos eleitores e dos eleitos. Na lógica dos argumentos do autor, emerge "uma concepção negativa da psicologia popular (...) que o leva a fazer restrições quanto ao papel do povo no processo eleitoral e de governo".[16]

> **É fácil envenenar um rio...**
>
> *1) É um axioma de ciência política verdadeiro em todos os regimes — no regime democrático como nos demais — que a sociedade deve ser dirigida pelos mais avisados, pelos mais inteligentes, pelos mais capazes, pelos melhores, em uma palavra, pela elite.*
>
> *2) Os fatos nos mostram (...) que nada há mais fácil de envenenar do que um rio; o necessário é que haja bastante veneno para se pôr dentro da água. Em todo caso, esse rio, o sufrágio universal, é hoje o oceano dos povos (...)*
>
> *3) Os obstáculos que tem encontrado o sufrágio universal para adaptar-se à sua função de escolha dos mais capazes, a elite dirigente, sem a qual falha a democracia aos seus fins, será um mito e desaparecerá nas convulsões da anarquia ou às mãos da ditadura ou em novas formas de governo impostas pela necessidade (...)*
>
> *4) A pressão das forças econômicas é de tal ordem intensa em nossos dias que o entrechoque em que elas vivem há de refletir-se forçosamente no seio da representação nacional (...)*

A subversão do processo, no entanto, vem de cima e não de baixo; quem faz do voto uma mercadoria é o candidato (que compra) e não o eleitor (que vende); a corrupção é arma do letrado e não do analfabeto. O tema integra o elenco de mudanças sempre em pauta e freqüentemente sufocadas pelo rolo compressor do conservadorismo. Às vésperas de o Parlamento votar e excluir o analfabeto do processo eleitoral, em 1891, surgiam protestos da tribuna do Congresso. Eram poucos, mas eram vigorosos.

> Aqueles que abusam do voto popular e com ele se apossam das altas posições do Estado é que têm lançado o país neste caos.[17]

Em meados de 2004, o Tribunal Superior Eleitoral cassou 1.313.512 títulos em um universo de 4.979.937 eleitores de 982 municípios. Alarmante: 26,4% dos títulos cancelados. A grande maioria em razão de fraudes. A despeito da mobilidade social provocada por movimentos como o dos trabalhadores sem terra e dos garimpeiros — que podem alterar de forma brusca os contingentes humanos —, o corregedor da Justiça Eleitoral lembrou que ainda existem no Brasil pessoas que são feitas eleitoras sem saber.[18]

A roda gira sempre em torno do mesmo eixo. As eleições realizadas na Primeira República (1889-1930) apenas legitimavam o controle do governo pelas elites políticas estaduais[19] e não expressavam, portanto, a vontade da sociedade. A regra, com retoques aqui e ali, é aplicável a toda a história republicana. Nos estertores do Segundo Reinado, o romancista José de Alencar denunciava o resultado eleitoral feito ao sabor dos mandarins locais que, primeiramente, usavam o "punho cerrado da violência" e, depois, "o dedo flexível da fraude".[20]

O voto estava, igualmente, no centro das preocupações do movimento tenentista dos anos 1920, que desembocaria na Revolução de 1930. O levante paulista de 1924 incluía como item número um do Manifesto Revolucionário a mentira contada pela voz das urnas.

> De todas as farsas em ação na nossa República democrática é, sem dúvida, sem discussão, a farsa eleitoral — a mais descarada e imoral.[21]

Posteriormente, ao tornar-se o valor mais importante da eleição, o dinheiro estabeleceu um paralelo definitivo entre o mercado real e o mercado de votos.[22] O marqueteiro, um especialista em publicidade comercial, transformou o candidato em produto, vendido ao eleitor como sabonete, cerveja ou como sandália de dedos. E não se trata apenas de uma metáfora. Há uma ameaça concreta ao processo eleitoral. O político — sem máscaras, com idéias e compromissos — tornou-se, na inversão dos valores, "o maior inimigo do candidato", conforme a frase talhada com perfeição por um influente publicitário brasileiro:

No mundo de hoje tornou-se improvável o sucesso numa eleição apenas por meios puramente políticos, sem contribuição substancial das técnicas de marketing.[23]

Uns acreditam que seja assim. Outros acreditam que não. Há um debate, ainda submerso, entre os homens de marketing no Brasil. A partir da vitória de Olívio Dutra, candidato do PT ao governo do Rio Grande do Sul, em 1998, um dos coordenadores da campanha petista — J. Luiz Marques — levantou o tema confrontando a propaganda de Dutra com a do adversário derrotado, Antônio Britto, do PMDB.

(...) o marketing visto como oposto à política e "tido como arte da simulação e a dissimulação das clivagens políticas e ideológicas que envolvem competições pelo voto dos eleitores" foi derrotado no Rio Grande do Sul.[24]

Em 2002, no entanto, surgiu uma contraprova desta tese. O candidato do PT, Tarso Genro, foi derrotado pelo candidato do PMDB, Germano Rigotto. O marketing, sem documento político, venceu nessa ocasião.

A organização não-governamental Transparência Brasil tem investigado a relação entre o dinheiro e a lisura do processo eleitoral. A TB coordenou duas pesquisas que, malgrado a dificuldade natural para medir fenômenos como esse, mostram resultados não muito distantes daquilo que se conhece ou de que se ouve falar. Uma delas, em Campinas (SP), realizada em setembro de 2003, permite um paralelo com os fatos ocorridos na eleição de 2002.

Mercado do voto: teoria e prática

A questão do dinheiro está na essência dos dois maiores problemas, ligados ao processo eleitoral, citados pelos eleitores campineiros: 76% dos entrevistados citaram a desonestidade dos candidatos e 49% fizeram referência à compra de votos. A preocupação com candidatos desconhecidos alcançou a referência de 35% dos eleitores. Um percentual idêntico à referência ao uso da máquina governamental em favor de determinados candidatos.

Em Campinas, um em cada sete entrevistados disse conhecer pessoalmente alguém que negocia votos em troca de benefícios materiais e serviços.

Ao confrontar a posição do eleitor diante de uma oferta concreta para vender o voto, a pesquisa mostrou que a maioria rejeitaria a proposta.

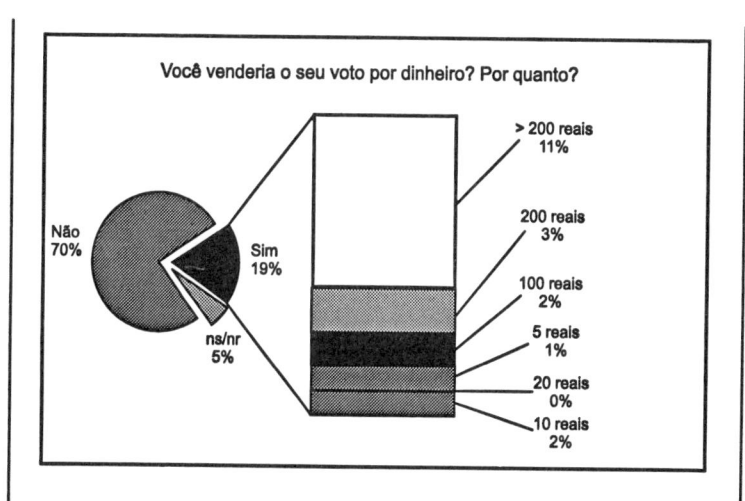

Você venderia o seu voto por dinheiro? Por quanto?

- Não 70%
- Sim 19%
- ns/nr 5%

- > 200 reais 11%
- 200 reais 3%
- 100 reais 2%
- 5 reais 1%
- 20 reais 0%
- 10 reais 2%

O grupo de 19% dos que venderiam o voto projeta uma relação que, se não chega a ser assustadora, pode ser, pelo menos, um indício preocupante: praticamente um em cada cinco entrevistados trata o voto como mercadoria. Todos eles desafiam as punições previstas no Artigo 299 do Código Eleitoral, que estipula pena de reclusão de até quatro anos para quem "dar, oferecer, prometer, solicitar ou receber, para si ou para outrem, dinheiro, dádiva, ou qualquer outra vantagem, para obter ou dar voto e para conseguir ou prometer abstenção ainda que a oferta não seja aceita".

Da teoria à prática a diferença é apenas geográfica. Está exatamente na distância que separa Campinas, em São Paulo, de Cruzeiro do Sul, no Acre.

No dia 8 de outubro, 48 horas após o primeiro turno da eleição de 2002, um grupo de mais ou menos trezentas pessoas fez uma ruidosa e surpreendente manifestação em frente à delegacia de Cruzeiro do Sul, distante uns setecentos quilômetros de Rio Branco, a capital do estado. Os manifestantes cobravam da polícia algum tipo de providência para que eles pudessem receber o dinheiro que teria sido prometido pelo candidato José Edmar Santiago de Melo, conhecido pelo nome mais charmoso de Ronivon Santiago.

"*Parece coisa de filme*", desabafou o delegado José Barbosa, conforme narra a repórter Gabriela Athias. Ele abriu inquérito para apurar o caso e prendeu quatro supostos cabos eleitorais de Ronivon, que aliciavam eleitores na cidade.[25] O eleito foi preso e libertado em seguida.

Em setembro de 2003 a Justiça Eleitoral do Acre encaminhou a denúncia contra o deputado e outras três pessoas. Com foro privilegiado, caberá ao Supremo Tribunal Federal decidir se ele é culpado ou inocente.

Eleito deputado federal pela terceira vez, no mandato anterior (1995-1997) Ronivon renunciou para não ser cassado. Foi denunciado por ter vendido o próprio voto para apoiar a reeleição de FH. Negou a acusação. Preferiu, no entanto, não se submeter ao julgamento dos seus pares.

A situação do deputado Ronivon Santiago foi analisada pelo jornalista Jânio de Freitas pelo ângulo do mercado do voto:

Pelo sistema jurídico praticado — não o que está na legislação, mas o que está verdadeiramente em vigor —, a compra de voto de eleitor é muito mais grave do que a compra de voto de deputado. Ainda que pelo voto do eleitor sejam pagos R$ 100 (...) para o "mercado" do Acre, e o voto de deputado custasse o equivalente, quando seu preço foi esclarecido, a US$ 200 mil.

Ronivon é imprudente. Sua especialidade não é a compra, é a venda (...) Logo, devia encomendar a tarefa de comprar votos aos que o compraram para obter a reeleição de presidente...

Em parceria com a União Nacional dos Analistas e Técnicos de Finanças e Controle, a Transparência Brasil encomendou ao Ibope, após as eleições de 2002, uma pesquisa de âmbito nacional sobre a prática de compra de votos.[26]

Segundo a pesquisa, cerca de 3% dos entrevistados receberam oferta de candidatos[27] ou de cabos eleitorais para vender o voto. Nessa escala, o dinheiro (56%) figura no topo dos benefícios oferecidos, seguido de bens materiais (30%) e favores da administração (11%). Considerando apenas os eleitores que compareceram ao primeiro turno da eleição — 94.804.126 —, o número dos que "receberam oferta" para vender o voto se aproxima de 3 milhões. Os corruptores violaram o código eleitoral no artigo que proíbe a interferência do poder econômico. A Transparência Brasil alerta que isso significa 3 milhões de infrações criminais ocorridas no pleito presidencial devido ao valor de mercadoria do voto.

A interpretação dos dados da pesquisa, feita pela TB, destaca alguns aspectos gerais flagrados na sondagem. Três deles:

1) Embora de forma moderada, o nível de instrução tem influência sobre a oferta. Eleitores com primeiro e segundo graus — completos e incompletos — foram mais assediados que os de nível primário. Os de instrução superior foram os menos assediados.

2) Eleitores de todas as faixas de renda receberam assédio dos compradores de votos. Isso mostra que a prática atravessa a sociedade de alto a baixo.

3) O tratamento do voto como mercadoria independe da condição e do tamanho do município. Ou seja, ocorre nas áreas urbanas, interioranas e rurais.

A crônica das eleições no Brasil, ao longo de quase dois séculos,[28] tem sido uma sucessão de fatos escandalosos promovidos por esses costumes, não raramente aplaudidos como habilidade política.

Em 1980, José Bonifácio de Andrade, o Zezinho Bonifácio (1904-1986), um dos mais dissimulados políticos mineiros e homem de ascendência ligada diretamente ao Patriarca da Independência, falou sobre a forma que o sistema eleitoral continuava a funcionar em grande parte.

> O coronel é ainda a pessoa que comanda a política nacional, porque é ele que elege os homens que a fazem. O coronel mudou a "embalagem" e hoje é o médico, o comerciante, o advogado, o engenheiro, o industrial.[29]

O voto de cabresto não foi extinto. Zezinho Bonifácio chamava isso de "voto de gratidão" do eleitor carente a benefícios recebidos diretamente do político ou de seus prepostos. Essa é a filosofia do cabresto: dê cá seu voto, toma lá seu pão.

Inicialmente, sem os modernos recursos financeiros e técnicos de agora, a atuação dos corruptores ocorria no varejo, em ações individualizadas, embora já com importante impacto no resultado. O mercado do voto expandiu-se,[30] ouvindo aplausos e valendo-se de omissões da fiscalização, que, servil a interesses particulares, favoreceu a impunidade. Somente no início dos anos 1960 houve uma primeira tentativa de coibir o que foi identificado como abuso do poder econômico. Muitos anos depois, a Constituição de 1988 tratou do tema em dois parágrafos do artigo 14. O que os constituintes tomavam no parágrafo 10 devolviam, no entanto, no parágrafo 11,[31] ao lançarem sobre a investigação o manto do segredo de justiça.

A aplicação da lei e a punição dos culpados esbarram, também, no debate jurídico. O advogado Torquato Jardim, especialista em legislação eleitoral, mostrou como as decisões do Tribunal Superior Eleitoral empacam na discussão sobre o "nexo de causalidade" entre "o ato abusivo ou ilegal e a votação alcançada pelo candidato".[32] Em palavras pagãs: era preciso provar que o dinheiro havia interferido no aumento de votos. Para usar uma insuspeita incredulidade bíblica, essa é uma tarefa tão difícil quanto fazer um camelo passar pelo fundo da agulha.

A legislação, como sempre, tem mudado. Mas não o suficiente para anular a afirmação apontada no relatório da Comissão Parlamentar de Inquérito — conhecida como CPI do PC[33] — que determinou o *impeachment* do ex-presidente Collor.

> A Justiça Eleitoral tem-se contentado com um controle formal da prestação de contas, julgando apenas a legalidade dos atos.[34]

Escândalos eleitorais não são exclusividade brasileira. Só no Brasil, porém, a necessidade pariu uma engenhoca tecnológica chamada urna eletrônica.[35] Com ela, a dimensão do problema das fraudes mergulhou o mundo político numa árida discussão técnica sobre a segurança do processo.[36] Uma vez mais o debate envolve somente o aspecto formal, em que, em princípio, a preocupação é tentar assegurar que "o voto dado é o voto apurado".[37] Quanto a isso, já existem inúmeros processos, julgados no Tribunal Superior Eleitoral, provando que "o voto dado" continua não sendo, muitas vezes, um ato do eleitor cadastrado, como ocorreu, por exemplo, no município de Camaçari, na Bahia, em 2000.[38] Um crescente número de denúncias, que têm resultado em algumas punições, mostra que o humor nas entrelinhas de uma frase do ministro do Supremo Tribunal Federal, Sepúlveda Pertence, é inspirado na realidade do país.

> Não é por um acaso que não inventamos a flauta doce, e sim a urna eletrônica.[39]

Não havia nada de novo, em 2004, quando os fatos ainda se sucediam de uma forma tão igual que poderia fazer o romancista Alencar se remexer na tumba e repetir com redobrada indignação.

> A cédula atirada misteriosamente pelo votante na urna é um mistério que encerra talvez muita mentira, muita fraude, muita infâmia.[40]

Nesse sentido, como se vê, não há diferença essencial entre a cédula e a urna eletrônica. A corrupção eleitoral levou à cassação 72 prefeitos eleitos em 2000. A mão invisível do mercado deixa sempre impressões digitais no local do crime.

O 102º eleitor

Engenho e arte levaram Olivan Antonio de Bortoli ao posto de prefeito de Campos Borges, no Rio Grande do Sul, na eleição municipal de 2000. Mas a presença de Bortoli na cabeça do Executivo daquela cidade gaúcha não durou os quatro anos regulamentares. Por decisão da Justiça, o mandato do prefeito foi encurtado para três anos, após terem sido reunidas provas consistentes contra a engenhosidade e a arte que ele, quando candidato, usou para superar eventuais obstáculos das urnas.

Em uma busca policial empreendida às vésperas do pleito no comitê de campanha de Bortoli foi colhida uma prova decisiva para juízo da Justiça.

O foco da suspeita partiu de uma nota de R$ 50 com o número 102 anotado a lápis. Com ela, o Ministério Público reuniu testemunhas que sustentaram que o número se referia ao 102º eleitor que teria recebido metade de uma nota de R$ 50 com a promessa de que a outra parte seria entregue após a vitória do candidato à prefeitura de Campos Borges.

A essa acusação se juntaram outras provas, como, por exemplo, a de oferecimento de mercadorias a outros eleitores. Em janeiro de 2004, a balança da Justiça pesou contra ele, e a deusa Têmis decepou a cabeça do prefeito.

> *O procurador regional eleitoral, Francisco de Assis Sanseverino, disse que não tinha conhecimento "de prática semelhante". Mas não é um recurso novo. Há inúmeras histórias semelhantes a essa, ocorridas de norte a sul do país. O mérito da Justiça de Campos Borges foi recolher a primeira prova de que é real esse acerto entre o candidato e o eleitor: metade do dinheiro agora e metade depois da eleição.*[41]

Não será por mera coincidência que se tornou também uma contribuição verde-amarela para a história dos costumes eleitorais — ao lado da citada urna eletrônica — o Movimento Nacional Contra a Corrupção Eleitoral, articulado principalmente pela Conferência Nacional dos Bispos do Brasil (CNBB) e pela Ordem dos Advogados do Brasil (OAB), duas respeitáveis instituições nacionais. No início de 2004, de olho nas eleições municipais de outubro, o representante da CNBB no movimento externou um tipo de otimismo sobre o processo eleitoral que estava por vir, temperado por preocupações com o esforço que se fazia no Congresso para modificar a legislação eleitoral.[42] Ele fazia referência à lei de iniciativa popular que permite à Justiça cassar imediatamente, após sentença, quem for acusado de compra de votos. A punição só se efetiva após terem sido esgotados todos os recursos judiciais, incluindo a definitiva decisão do Supremo Tribunal Federal. Quando isso ocorre, freqüentemente o mandato em questão já está expirado.

O Brasil fez e desfez códigos eleitorais na suposição de que o aperfeiçoamento da democracia está somente nas leis — "a realidade legislada" —, levando em conta apenas as fraudes primárias. A lei reformava sem reformar o ponto visível do bloqueio feito aos estranhos que tentam acesso a um certo Clube de Eleitos.[43] A participação nesse círculo restrito é guarnecida pela convicção de que o sistema representativo não deve ser a expressão da vontade popular, e sim a seleção "dos melhores, dos mais esclarecidos, dos mais virtuosos", como sustentava o mineiro Bernardo Pereira de Vasconcelos.[44] O argumento desse exemplar, astuto e preparado, da elite política da Monarquia ainda reverbera na República.

O PT entra pela porta dos "fundos de campanha"

Tradicionalmente, o ingresso no Clube de Eleitos obedece a uma lei, não escrita, admitida por todos: só se chega lá com um diploma de bacharel no currículo ou uma espada na mão. Em 2002, na 19ª vez em que foi às urnas eleger um presidente, em 103 anos de República, o eleitor brasileiro subverteu a regra. Assim, depois de dar a vitória a 12 advogados, a dois militares, a um médico, a um economista e, por duas vezes, a um sociólogo,[45] a maioria fez uma guinada radical e escolheu um ex-torneiro mecânico cujo pai, Aristides Inácio da Silva, foi enterrado como indigente[46] apenas 15 anos antes do filho dele se tornar o mais alto mandatário do país.

Afinal, como um operário conseguiu entrar para sócio desse Clube?

Na prestação oficial de contas junto ao Tribunal Superior Eleitoral, os candidatos que disputaram a eleição presidencial obtiveram, em conjunto, receitas de R$ 84.911.184,68.[47] As planilhas apresentadas à Justiça Eleitoral registram a seguinte movimentação de recursos captados por cinco dos seis concorrentes:[48] José Serra (PSDB): R$ 34.733.479,43; Lula (PT): R$ 39.404.998,34;[49] Ciro Gomes (PPS): R$ 13.942.876,15;[50] Garotinho (PSB): R$ 3.211.433,90; Zé Maria (PSTU): R$ 36.066,30.[51]

Um bom começo de conversa para explicar a vitória de Lula está exatamente "na força da grana" que "faz e destrói coisas belas", como canta Caetano Veloso. Tendo os números oficiais como referência, prevaleceu uma regra conhecida: mais dinheiro, mais votos. Assim, quem mais arrecadou dinheiro — Luiz Inácio Lula da Silva e José Serra — foi para a disputa do segundo turno.[52] No confronto direto entre os dois, prevaleceu a regra citada: o petista, com mais dinheiro, continuou a ter mais votos.

É preciso não esquecer que a surpreendente vitória de Lula não foi a única novidade nas eleições. Embora a pirâmide social não tenha sofrido alteração — continua assentada sobre o vértice —, a pirâmide dos "fundos de campanha" sofreu uma mudança significativa que guarda relação direta com o sucesso petista. A alteração beneficiou os representantes dos partidos identificados como "de esquerda",[53] que, em anos anteriores, quando superavam eventuais constrangimentos pessoais, esbarravam em dificuldades políticas para angariar apoio das fontes de financiamento.

Eleitoralmente, 2002 é o ano que marcou a queda do muro que, no Brasil, bloqueava ideologicamente o trânsito da esquerda para o mundo do dinheiro que a iniciativa privada põe à disposição dos interessados e que, circunstancialmente, promove uma confusão de idéias e de pessoas. A rigor, em 2002, sobrou apenas uma leve suspeita de que havia questões programáticas dividindo os candidatos: a biografia de Lula. A idéia política que os guiava era a da conquista do poder. Em função disso, o eleitor ficou diante de simples rivalidades pessoais. Conclusão: os candidatos considerados do "campo da esquerda" tiveram o seu quinhão de uma bolada oficial total que girou em torno de R$ 1 bilhão.[54]

O Partido dos Trabalhadores, especialmente, arrecadou o suficiente para sair da base e subir para o topo da pirâmide dos fundos eleitorais. Os petistas bateram às portas dos doadores tradicionais — bancos e empreiteiras, por exemplo —, que, historicamente, são grandes financiadores e, às vezes, domadores de consciências mais inquietas.

Oficialmente, a construtora Norberto Odebrecht, a mais poderosa empreiteira do país, foi também o maior contribuinte da campanha eleitoral de 2002.[55] Distribuiu, entre os candidatos às assembléias legislativas, ao Senado, à Câmara, aos governos estaduais e aos postulantes à presidência da República, R$ 5.803.000,00. O dinheiro doado, sob a ótica da lista de aquinhoados, não obedece a critérios claros.

Para os 26 candidatos, à esquerda do espectro político, nos quais apostou na corrida para as assembléias legislativas e para a Câmara de Deputados, a Odebrecht ajudou a eleger 14. Gastou oficialmente para isso R$ 1.049.000,00 —

um pouco mais de 20% do total destinado às eleições. Aparentemente, a empreiteira não botou fé na vitória de Lula. Para os cofres da campanha do presidente eleito ela carreou modestos R$ 50 mil. Em comparação a outras doações, foi muito pouco. Quantia semelhante foi destinada, por exemplo, a André Corrêa, eleito deputado federal pelo Partido Verde do Rio de Janeiro. O Partido Socialista Brasileiro teve a preferência da empreiteira, seguido do Partido dos Trabalhadores, do Partido Popular Socialista, do Partido Verde e do Partido Comunista do Brasil.

A construtora OAS, por sua vez, jogou R$ 4.205.300,00 na eleição. Desse dinheiro, R$ 1.490.000,00 — cerca de 30% — foi para a conta de campanha dos partidos que estavam na oposição a Fernando Henrique Cardoso, um agrupamento identificado, genericamente, como de esquerda.[56] A empreiteira apostou alto em Lula. Deu uma contribuição de R$ 450 mil. Doação maior — R$ 510 mil — foi para o candidato vencedor ao governo de São Paulo, o tucano Geraldo Alckmin.

Na eleição presidencial de 1989,[57] a primeira depois de 25 anos do apagão eleitoral provocado pelo regime militar, o comitê financeiro do candidato Fernando Collor de Mello apresentou arrecadação de receitas no valor total, em cruzados novos, de NCz$ 62.482.745,26.[58] Collor ganhou a eleição e, dois anos depois, sofreu *impeachment*. Uma das acusações punha sob suspeita o dinheiro usado para os gastos pessoais exagerados do presidente. A defesa alegou que Collor usava recursos das sobras de arrecadação da campanha eleitoral.

No amontoado de papéis encaminhados à Justiça Eleitoral, nenhuma irregularidade é visível, nas contas de Collor, exceto o erro de ortografia na rubrica "Doações Expontâneas", conforme registra a coluna de "Receitas". Não era esse, no entanto, o "xis" do problema.

Quando decidiu tentar a sorte grande na vida política, Fernando Collor de Mello, ainda no governo de Alagoas, passou a fazer sondagens. Numa das ocasiões, ficou exposto à curiosidade da imprensa.

— Você tem dinheiro para fazer uma campanha presidencial?
— Minha mãe me deu 100 mil dólares...
— Mas só isso?
— Quando eu começar a campanha vem mais.[59]

Paulo César Farias, o PC Farias (1946-1996), levou mais, muito mais dinheiro para a campanha. No primeiro turno, considerando somente o numerário oficial, as receitas somaram NCz$ 35.907.850,00. No segundo turno, chegaram a NCz$ 26.573.828,11, computada a sobra de NCz$ 1.059.428,11 do turno anterior. De acordo com os sempre sub-registrados números oficiais, Collor conseguiu praticamente o triplo do dinheiro levantado pelo adversário, Lula, com o qual disputou o *round* final da eleição.

Nos anos imediatos ao expurgo de Collor do poder, criou-se nas campanhas eleitorais a síndrome do PC. Tanto que, durante a montagem do Comitê Financeiro do PSDB, em

1994, Fernando Henrique Cardoso achou necessário afastar formalmente seu coletor de recursos, Sérgio Motta, da linha de frente. Uma razoável semelhança física entre PC e Motta — ambos gordos, morenos e carecas — virou motivo de chacota nos meios políticos e fez FH bater o martelo.

— Vamos colocar o Bresser. Além de honesto, ele é ingênuo demais para roubar.[60]

No PT o dinheiro era curto para esse tipo de preocupação. O "Demonstrativo de Gastos da Campanha Eleitoral" totaliza, em cruzeiros novos, "Entradas" de NCz$ 20.947.298,28.[61] Foram NCz$ 4.776.432,28 do primeiro turno e mais NCz$ 16.170.866,00 registrados como provenientes de "Saldo Caixa Bancos" (NCz$ 269.532,04); "Doações de filiados, militantes e simpatizantes" (NCz$ 3.429.907,00); de "Aquisição de recursos através de material de propaganda e divulgação" (NCz$ 684.331,28); de "Festas, bailes, jantares etc." (NCz$ 11.829,72); e de "Repasses de comitês" (NCz$ 544.363,41).

As doações feitas a Lula introduziram no processo eleitoral a intensa participação financeira dos militantes. Pela forma organizada e sistemática com que foi feita, a doação de militantes e simpatizantes foi um aspecto novo e inédito nas campanhas eleitorais no Brasil. Em 1989, não há registro de contribuições feitas por empresas, porque, até então, havia uma rejeição recíproca entre os empresários e os petistas. Eventuais contatos não eram visíveis a olho nu.

Lula voltou à disputa na eleição presidencial de 1994. Como invariavelmente tem acontecido, a legislação eleitoral também sofreu modificações para aquele pleito. Foi inventado o "bônus eleitoral", que no entanto não sobreviveu àquela única experiência. Naquele ano, apareceram mudanças significativas na prestação oficial de contas do candidato petista junto ao Tribunal Superior Eleitoral. A "Demonstração das origens e aplicações de recursos de campanha"[62] foi apresentada em Ufirs (5.237.301,69) e em reais. Quase metade dos R$ 3.394.818,95 arrecadados veio de contribuições de pessoas jurídicas. Sintomático: a contribuição de empresas não aparece uma única vez sequer na prestação de contas da eleição anterior, de 1989.

Vem daí o *frisson* provocado por uma doação da Norberto Odebrecht à campanha de Lula. No discurso do PT, a construtora simbolizava, então, o pior dos males do processo eleitoral: o voto contagiado por recursos financeiros privados. O assunto era, portanto, melindroso demais para os petistas. Em abril daquele ano, em busca de dinheiro para a campanha, Lula reuniu cerca de 250 pessoas na Cervejaria Continental, no bairro de Pinheiros, em São Paulo. Cada um dos presentes contribuiu com US$ 100.

A surpresa foi a presença do diretor de Relações Institucionais da construtora Odebrecht, Roberto Dias, que não descartou a hipótese da empreiteira contribuir para a campanha do PT.[63]

No dia seguinte, acossado por microfones e gravadores, Lula não respondeu se aceitaria ou não dinheiro da empreiteira e jogou o "abacaxi" nas mãos de Tatau Godinho, apelido de Maria do Carmo Godinho Delgado, que era então a primeira-secretária da Comissão Executiva Nacional do Partido dos Trabalhadores. Ela surfou no assunto.

> Nós vamos discutir de quais empresas aceitaremos contribuições. Em princípio, nós não aceitaremos dinheiro da Odebrecht.[64]

O desmentido do PT não ficou de pé. A Odebrecht contribuiu com R$ 230 mil para a campanha de Lula. A doação foi encaminhada via Triken S/A,[65] controlada pela Odebrecht, conforme consta da prestação oficial de contas.

Há, também, o registro da devolução pelos bancos de R$ 6.277,30 em cheques sem fundos, vindos da contribuição de militantes com muitas idéias na cabeça e nenhum dinheiro em conta corrente.

Não muito tempo depois, novas suspeitas contra o PT formariam um contencioso de inquietação para os militantes e simpatizantes do partido. O escritor Luis Fernando Verissimo mergulhou no assunto em defesa do Partido dos Trabalhadores. Excetuou o PT, no quadro das mazelas partidárias, embora tenha arrematado o comentário com um inspirado pessimismo.

É Verissimo

A integração do indivíduo no grupo é sempre um processo de aviltamento. Está implícito que um tem que se rebaixar para entrar no todo. Por isso, toda iniciação é um ritual de emporcalhamento, seja a do calouro na escola, do recruta no quartel ou do postulante na sociedade secreta. É para destruir a individualidade que resiste ao poder do grupo e da hierarquia mas — sem querer cair em psicologismo de almanaque — também é uma forma de assegurar fidelidade ao grupo pela cumplicidade. Na iniciação o novato aceita sua parcela na culpa dos outros e iguala-se aos outros na abjeção. Sua humilhação garante que ele nunca ameaçará a integridade do todo com a alegação de que é diferente — ou seja, inocente (...) O herói é por definição o diferente, o que ao mesmo tempo afronta e salva o grupo, o melhor culpado e o pior inocente. Mas essa é outra história. Eu queria falar do PT.

No entusiasmo com que caem em cima do menor pecado do PT há um pouco da necessidade de nivelá-lo à culpa comum dos partidos brasileiros. É preciso integrar o PT na baixeza geral e convencê-lo de que ele não é diferente do resto. Não é mesmo, o PT às vezes pode ser ingênuo, que é a forma menos aproveitável de inocência, mas não é imune a nenhuma das tentações dos outros, inclusive a das alianças estranhas. Mas na cobrança exagerada que fazem dele existe a mesma ambigüidade dos ritos de iniciação. O sacrifício da diferença que incomoda, no caso do PT a presunção de superioridade moral, também significa a destruição da diferença heróica. Pois se nem no PT, que é o herói secreto de todo político brasileiro, se pode presumir uma superioridade moral, ninguém, afinal, se salva.[66]

Os recursos para Lula em 1994 foram maiores do que na eleição de 1989, embora continuassem sendo muito inferiores à receita de Fernando Henrique Cardoso, seu novo adversário. O Comitê Financeiro Nacional da campanha de FH demonstrou oficialmente a arrecadação de R$ 31.062.586,36 (51.306.360,76 Ufirs).

O dinheiro teve um duplo papel na derrota esmagadora sofrida por Lula em 1994. Ao valor simbólico da nova moeda — cujo sucesso foi absorvido por FH, ministro da Fazenda do Plano Real — somou-se o valor efetivo dos reais que escoaram em cascata para a campanha tucana, superando em quase dez vezes o caixa do petista.

Referência segura para medir as condições materiais da campanha de cada um pode ser tirada a partir da comparação entre o topo e a base, nas listas de doações feitas a FH e a Lula naquele ano.

Principais doações a FH em 1994

Banco Itaú S/A	R$ 2.600.000,00
Inepar S/A — Indústria e Construções	R$ 1.500.000,00
Companhia Brasileira de Petróleo Ipiranga	R$ 1.000.000,00
Copene — Petroquímica do Nordeste S/A	R$ 1.000.000,00
Copesul — Cia. Petroquímica do Sul	R$ 1.000.000,00
Copesul — Companhia Petroquímica do Sul	R$ 1.000.000,00
La Fonte Investimentos S/A	R$ 1.000.000,00

O cheque de ouro na demonstração oficial de receitas da campanha tucana foi emitido pelo Banco Itaú: R$ 2,6 milhões. Segue-se um forte esquema empresarial de doações, todas acima de R$ 1 milhão.

Principais doações a Lula em 1994

Comitê Financ. Estadual Marta Governador	R$ 530.000,00
Partido dos Trabalhadores	R$ 326.666,44
Triken S/A	R$ 230.000,00
Banco Itaú S/A	R$ 175.000,00
Partido Democrático Trabalhista	R$ 138.500,00
Cia. Brasileira Metalurgia Mineração	R$ 135.000,00
Partido Socialista Brasileiro	R$ 44.055,37
Cia. Brasileira de Metalurgia e Mineração	R$ 40.000,00
Inpacel Ind. Papel Arapo	R$ 35.087,73
Marcio Thomaz Bastos	R$ 30.000,00
Ticket Serviços S/A	R$ 30.000,00
LG Alimentos S/A	R$ 20.000,00

No topo da lista figura o Comitê Financeiro da campanha de Marta Suplicy para o governo do estado de São Paulo. Logo abaixo, vem a verba canalizada pelo Partido dos Trabalhadores. A Odebrecht (Triken S/A) doou R$ 230 mil que o PT tentou negar. O Banco Itaú deu acenos de boa vontade para o PT; Leonel Brizola (1922-2004), candidato a vice-presidente de Lula, reforçou o caixa do aliado; e o advogado Marcio Thomaz Bastos fez a maior contribuição individual.

O PT oficialmente ainda discriminava as empreiteiras. A Norberto Odebrecht era mantida fora da lista oficial de contribuintes.

Em 1998, Lula partiu para sua terceira tentativa de chegar à Presidência. A grande novidade da legislação foi a introdução da reeleição, que confirmou o ancestral provérbio de que as leis caminham para onde querem os príncipes. Assim, Fernando Henrique Cardoso disputou a reeleição com os benefícios de mudanças nas regras eleitorais.

O comitê da campanha tucana — comandado por Luís Carlos Bresser Pereira — fez um "arrastão" financeiro bem-sucedido entre os grandes grupos econômicos e reuniu recursos inimagináveis para um país onde o salário mínimo, a exemplo da aposentadoria média do setor privado, tem ficado historicamente abaixo de US$ 100. A receita da campanha eleitoral de FH, declarada junto ao TSE, foi de R$ 43.022.469,59.

Isso significa que, sem pagar um só minuto do tempo de TV,[67] Fernando Henrique se elegeu declarando um gasto oficial superior a US$ 40 milhões. Praticamente igual à campanha de Bill Clinton, em 1996, que teve um custo aproximado de US$ 43 milhões, boa parte dos quais consumidos no pagamento de tempo na televisão. E ainda mais: as despesas de campanha de Clinton incluem a disputa das eleições primárias e gerais. FH, por sua vez, ganhou a eleição já no primeiro turno.

No relatório da Comissão Especial de Investigação (CEI) — criada em 1994 com a finalidade de analisar a corrupção na administração federal —, as empreiteiras são apontadas como empresas que floresceram "à sombra do Estado brasileiro".[68]

> (...) Se no início a relação entre Estado e as firmas era externa, isto é, o Estado controla a obra e a empreiteira a realiza, surgindo a corrupção na medida em que a empresa paga a propina para conseguir a concorrência, ou o governante a pede para entregá-la, hoje a relação é muito mais complexa. As grandes empreiteiras estabelecem prioridades de investimento, atuam na elaboração do orçamento, incluindo seus projetos e descobrindo os caminhos da liberação de verbas, ou de bancadas que votem seus projetos (...)[69]

Trilhando esse caminho, o relatório da CPI deduziu.

É dessa forma que se chega à situação já publicamente reconhecida em relatórios de especialistas — o Banco Mundial estima que as obras no Brasil custem em média 100% mais que as feitas em outros países (...) As contribuições dessas empresas às campanhas políticas são, portanto, mais que doações: são investimentos.[70]

A iniciativa das empreiteiras de abrir espaço no mundo político tem uma marca clara no tempo. Elas ascenderam nos "anos dourados" de Juscelino Kubitschek, o sorridente JK, que rasgou o Brasil de estradas e fincou no Planalto Central a nova capital do país.

> O império das empreiteiras — que, ao lado dos bancos, forma a dupla de maiores contribuintes de campanhas eleitorais — foi erguido nos anos 1950 e se consolidou a reboque do Plano de Metas de Juscelino Kubitschek. Durante o governo Kubitschek, em Minas Gerais, foram construídos quase 3 mil quilômetros de rodovias.[71]

O caso das empreiteiras é típico do surgimento de esquemas de financiamento, como ficou provado na CPI do PC, quando foram rastreadas, parcialmente, contribuições irregulares para a eleição de Fernando Collor.

As regras de doação para campanhas eleitorais só ganharam mais consistência e clareza a partir dos anos 1990. Elas permitem — malgrado o caixa dois — perceber melhor as mudanças ocorridas na planilha oficial das contas do vitorioso PT, tendo como base a comparação entre as informações financeiras das campanhas de 1994 e de 2002.[72] A mutação vai além do contraste, no volume de dinheiro recebido por Lula, com relação às declarações apresentadas pelos adversários das duas ocasiões: Fernando Henrique Cardoso e José Serra.

Na composição da receita financeira da segunda campanha presidencial do PT, em 1994, quando o governo mantinha a paridade entre o real e o dólar, há registro de um grande número de doações individuais: 2.628 contribuições de R$ 10 e 242 de R$ 1. Na campanha de FH, houve 59 doações de R$ 10 e nenhuma contribuição de R$ 1.

A participação individual — pessoa física[73] — na lista de doadores, entre outros efeitos benéficos, pode amortecer a influência do dinheiro doado pelas empresas privadas — pessoa jurídica[74] —, que não sofrem restrições de teto fixo para as contribuições.

Em 2002, o PT, de campanha eleitoral profissionalizada e com a pauta de propostas moderadas, jogou água fria no fervor dos militantes, cujo entusiasmo está registrado nas contribuições das campanhas anteriores. A mudança espantou os artistas que subiam no palanque de Lula, enrolados emocionalmente e, às vezes literalmente, na bandeira do PT. Assim, o partido se viu forçado, por exemplo, a pagar R$ 1,275 milhão para os showmícios animados pela dupla Zezé di Camargo & Luciano.[75]

Uma comparação entre os recursos de 1998 e os de 2002 indica que as arrecadações do PT pularam de R$ 12 milhões naquele ano para R$ 92,8 milhões. Um crescimento de 673%. As doações para a candidatura de Lula pularam de R$ 3,9 milhões para R$ 33 milhões em números redondos.[76]

Financiamento de campanha tem sido, como se sabe, o gerador dos maiores escândalos na política brasileira, porque todos os candidatos se sustentam com a caixinha marginal. Isso tem provocado combates — muitas vezes violentos e fatais — que antecedem a disputa nas urnas. Nesses confrontos, a vitória é alcançada quando se expõe o esquema clandestino de financiamento do adversário. Na guerra eleitoral, cortar a linha de suprimento do inimigo é também meio caminho andado para alcançar a vitória.

Assim Roseana Sarney foi tirada da disputa da eleição presidencial de 2002. Às vezes, no entanto, o revés ocorre posteriormente, como aconteceu com as denúncias que levaram ao *impeachment* de Collor. Os escândalos perseguem desde sempre o processo eleitoral. A organização não-governamental Transparência Brasil — que já formou tradição na publicação de informações sobre o uso de dinheiro nas eleições brasileiras — avalia.

> O financiamento de campanhas eleitorais é um tema polêmico em praticamente todos os sistemas políticos modernos (...) As fontes comuns de financiamento para partidos políticos são: contribuições regulares dos membros dos partidos, a arrecadação calculada sobre o salário dos representantes eleitos e recursos gerados através das

atividades comerciais do partido (...) Essas modalidades de financiamento não costumam provocar debates.[77]

Há reflexões mais específicas sobre o impacto do dinheiro — o *big money* — nas eleições brasileiras.[78]

Em geral, a principal fonte de recursos dos candidatos no Brasil é o dinheiro das empresas. A contribuição das corporações é mais acentuada na disputa presidencial. Há, por exemplo, 269 contribuições acima de US$ 100 mil na eleição presidencial de 1994. Essa "generosidade" não se limita à disputa pela presidência. Na eleição daquele ano, há 215 doações de empresas, acima de US$ 100 mil, destinadas às eleições de deputados.

Há, também, alertas.

Por causa da possibilidade de contribuição direta das empresas ao candidato, a influência política talvez seja maior no Brasil. Por não haver limite claro de contribuição, os empresários podem ter um papel maior e mais direto na formação dos fundos de campanha.

O fato é que o bloqueio moral que o PT e a esquerda faziam à contribuição das empreiteiras não resistiu à falta do dinheiro para as disputas eleitorais. Em 2002, a persistência do nome de Lula no topo das pesquisas deu sinais de ser uma posição mais consolidada do que as situações semelhantes em eleições passadas. Liderança nas pesquisas — um instrumento-chave das eleições — indica perspectiva de poder, e a perspectiva de poder atrai dinheiro.

Na direção do PT já era forte o sentimento de que, para ganhar, seria preciso mudar. Com raras exceções,[79] a esquerda capitaneada pelo PT mudou. E quem mudou bateu às portas das empreiteiras, que foram prontamente abertas.

As eleições brasileiras, em todos os graus (municipal, estadual e federal), são sustentadas pela combinação de três tipos de financiamento: o público, o privado e o escamoteado. O dinheiro clandestino — que circula do caixa dois das empresas para o caixa dois das campanhas — compromete, sem dúvida, a veracidade das contas oficiais. Tem sido, e dificilmente deixará de ser, o grande problema, se o objetivo for — como deve ser — o de preservar a competição política da presença decisiva do poder econômico.

Isso, no entanto, não invalida inteiramente os números apresentados à Justiça Eleitoral. Os números oficiais são úteis. Ensinam muito sobre os interesses que rondam as tomadas de decisão. Como os recursos financeiros são coletados? Como são distribuídos? Quem são os principais doadores?

> A influência do caixa dois em eleições é assunto controverso, mas de resolução praticamente impossível devido à ausência intrínseca de evidências empíricas. Contudo, uma hipótese "neutra" é a de

que a porcentagem do caixa dois sobre o total de financiamentos recebidos, caso seja de fato relevante nas campanhas, tenderá a ser equivalente para todos os candidatos, ou ao menos para aqueles situados nas faixas superior de voto/recepção de doações.[80]

A eleição no Brasil pode ser ainda mais cara porque nem todo o dinheiro doado para as campanhas é aplicado nas eleições. Nesse sentido, parece ficção a reportagem resumida a seguir.

Crime eleitoral na sessão espírita

Uma complicada operação de busca e apreensão foi realizada em Macapá (AP), entre a noite de sábado e o domingo da eleição, a partir da denúncia de que R$ 1 milhão em espécie fora remetido de outro estado para a compra de votos, operação feita sob a "proteção" de uma sessão espírita.

Dois juízes, com mandado de busca, foram barrados pelos moradores, sob a alegação de que naquele momento era realizado um culto religioso, segundo contou o procurador da República, Manoel Pastana. Após muita negociação, a entrada foi franqueada desde que ninguém subisse ao segundo andar, onde se realizava o culto.

— Desconfiei que estivessem queimando dinheiro no meio da cerimônia, pois as velas não eram suficientes para fazer tanta fumaça — disse Pastana.

> *Como o culto não terminava, a polícia foi autorizada a subir no telhado e a vasculhar o forro da casa. A cerimônia foi interrompida. No local foram apreendidas fichas e envelopes com nomes de eleitores e material "indicativo de captação de sufrágio".*
>
> *— No caminho da delegacia, uma "entidade" incorporou num pai-de-santo e começou a me xingar — contou Pastana.*[81]

Mas como saber o destino tomado pelas contribuições, além daquelas apresentadas ao TSE que fazem parte de uma cerimônia que o ministro aposentado Paulo Brossard[82] batizou de "beatificação do ilícito"?

Dinheiro para financiamento de campanha no Brasil está protegido pelo silêncio misterioso. Mas o mistério é mesmo deste mundo e não do mundo dos espíritos, conforme o flagrante naquela reportagem sobre a sessão espírita de Macapá.

À margem da eleição presidencial, os casos se sucederam com freqüência. O deputado Ronivon Santiago (PPB-AC) foi preso no *dolce far niente*, em trajes de banho, na piscina de um hotel de luxo, em Brasília, acusado de cadastrar e oferecer R$ 100 a eleitores do estado. Foi cassado pelos pares. Um produtor do programa *Fantástico*[83] gravou representantes de empresas prestadoras de serviços, em conluio com políticos, fazendo negociata em contratos da prefeitura de São Gonçalo. Um dos corruptores disse na boca de um microfone oculto na sala em que conversava.

Você deu, o seu está aqui. Entrego a você em dinheiro, até em dólar, se você quiser, como sempre fazemos.[84]

No Espírito Santo, os capixabas disseram amém quando um juiz determinou a cassação do registro da candidatura do deputado estadual José Carlos Gratz (PFL), um dos mais influentes políticos capixabas. Ele foi acusado de comprar votos para se eleger. Os promotores fizeram uma devassa na vida de Gratz e o acusaram de envolvimento com o crime organizado, de evasão de divisas, crimes contra o sistema financeiro e sonegação de impostos.[85]

Considerando apenas o que a imprensa revelou, a eleição de 2002 disputa o troféu de uma das mais corruptas da história republicana e, mesmo levando em conta apenas os números oficiais, tornou-se a mais dispendiosa. Pelo menos até a próxima competição.

Sorria, você está preso

Eleito em 2002 para novo governo no Distrito Federal,[86] *Joaquim Roriz enriqueceu mais uma vez o folclore político brasileiro. Poucos dias antes da votação, um casal de dentistas e outras seis pessoas foram presos pela Polícia Federal. Foram detidos, além dos dentistas, funcionários e pacientes, acusados de oferecer tratamento dentário gratuito em troca de votos para eleger Joaquim Roriz (PMDB).*

> *Segundo a Polícia Federal, o serviço dentário era oferecido como sendo gratuito. De fato o dinheiro não circulava naquela transação. Mas, como tudo, aquilo tinha um preço. No local, o paciente recebia "santinhos" (prospectos com foto do candidato) e o pedido de votos.*
>
> *Roriz nega envolvimento com o golpe eleitoral. Mas, sem dúvida, talvez tenha sido o primeiro candidato a encontrar — finalmente! — um meio seguro para fazer o eleitor sorrir. Os beneficiados, no entanto, não tiveram tempo para exibir a dentadura nova. Foram presos. A prática fere o Código Eleitoral, mesmo sendo envolvida num pretexto meritório.*[87]

A ideologia, partidos estruturados e programáticos seriam algumas das alternativas para conter a força da grana. Nesse sentido, há um traço marcante na construção da legislação eleitoral brasileira que só desapareceu nos anos 1980. Um traço que, mutilando o espectro ideológico do quadro partidário, alargou o caminho para a influência do dinheiro.

> Não era permitida a organização de partidos à esquerda; se e quando existentes, funcionavam na clandestinidade e seus candidatos disputavam eleições em outras legendas.[88]

Um exemplo conhecido foi o da situação de militantes do Partido Comunista Brasileiro (PCB), que, entre 1945 e

1964, disputavam eleições sob o abrigo da legenda do Partido Trabalhista Brasileiro (PTB).

No Brasil, embora escassas as reflexões sobre o uso do dinheiro e, especialmente, o dinheiro desviado dos cofres públicos, a imprensa desde os tempos imperiais tem deixado rastros fortes sobre o tema. O jornalista Francisco de Sales Torres Homem, o Timandro (1812-1875), antes de aconchegar-se ao trono de Pedro II, denunciou o processo eleitoral no Segundo Reinado.

> É ocioso que recordemos aos partidos aquilo que, de tantas vezes, têm sido testemunhas e vítimas; que façamos a conta de todo o ouro desviado dos cofres da nação... para poluir as urnas.[89]

Mas nunca a derrama de dinheiro foi fator tão decisivo quanto agora. O dinheiro sabota o consenso político. O resultado obtido pelas eleições nos regimes democráticos fica, por isso, longe de resultar da vontade livre dos eleitores.

Pense na possibilidade de manipulação do consenso através de programas de televisão sobre a maioria das pessoas, as quais não lêem os jornais e, portanto, não refletem sobre as várias propostas com um artigo sob os olhos. Pense na facilidade com que a televisão permite a obtenção de consensos com breves debates superficiais... O consenso é manipulado, quanto a isto não há dúvida.[90]

A televisão — que encareceu enormemente o custo da eleição — produziu modificações radicais na mensagem política e unificou, numa espécie de clonagem publicitária, a imagem dos concorrentes.

A poderosa TV está, portanto, no centro dessa questão mais profunda contida no devastador veredicto sobre a democracia eleitoral: o consenso é manipulado. Transformada na maior consumidora dos recursos de campanha — devido à preeminência conquistada como principal fonte de comunicação entre candidatos e eleitores —, ela gerou, lateralmente, fenômenos curiosos que, plantados nos Estados Unidos, foram transplantados para o Brasil.

> No fim da era Reagan, todos os candidatos à presidência se pareciam com apresentadores de jornais da TV.[91]

A orientação dos marqueteiros, no *script* para TV, segue a lógica do meio definindo a mensagem. Ou seja, no caso, a emoção se sobrepondo à razão.

> Esqueça o conteúdo intelectual, sempre pense em afetar as emoções do eleitor.[92]

Os programas de televisão — em que o marketing mostra tudo o que sabe e tudo o que é capaz — são os grandes consumidores de verbas de campanha. Quase na reta final da eleição de 2002 foi feita uma projeção de gastos, dos quatro principais candidatos, com programas de rádio e televisão.[93] A estimativa é que, em média, 50% do dinheiro eram sugados pelo horário eleitoral e, em conseqüência, pelos marqueteiros, que se tornaram os regentes do consenso em um mundo sem ideologia.

	Gasto total (milhões R$)	Marketing/ TV e Rádio
José Serra	R$ 11,26	R$ 9,0
Lula	R$ 11,74	R$ 5,0
Ciro Gomes	R$ 6,68	R$ 2,5
Garotinho	R$ 2,30	R$ 1,5

Antes dos votos, cifrões

O dinheiro, mais que ontem e, provavelmente, menos que amanhã, tem importância fundamental nas eleições, impondo, com freqüência, a vitória do *marketing* sobre o julgamento político.

Dos cofres públicos, através do Fundo Partidário, saem verbas distribuídas de acordo com o número de integrantes das bancadas dos partidos no Congresso. Com freqüência se esquece de incluir na conta do custo da eleição o pagamento — em forma de renúncia fiscal — do horário eleitoral.[94]

A capacidade de angariar cifrões — mesmo que se considere apenas o dinheiro legal — tende a desequilibrar a disputa e a distorcer a igualdade de oportunidade. Assim, paralelamente ao que ocorre no mundo dos negócios onde o maior engole o menor, o mais forte se sobrepõe ao mais fraco, suprimindo a concorrência, também no "mercado de votos" o dinheiro quase sempre restringe, e às vezes elimina, o princípio da competição.

A pergunta que vem à cabeça, diante de tal situação, foi feita e respondida por David Samuels. Afinal, quis saber ele, o que as empresas esperam com a contribuição? O argumento que apresenta se sustenta nos esforços dos deputados federais para que sejam executadas as emendas que, anualmente, aprovam no Orçamento da União. As emendas se referem, em geral, a obras. As obras interessam diretamente às empreiteiras e só indiretamente rendem voto. O voto, presume-se com isso, vem a reboque do dinheiro recebido que sustentará a campanha eleitoral.

> Essas emendas freqüentemente não trazem vantagem eleitoral direta, mas promovem um retorno direto das empreiteiras em termos de dinheiro.[95]

Trata-se de um ataque direto ao coração do sistema — o Orçamento —, em torno do qual se edificou o regime representativo. Mas, mudados os atores e mantida a pergunta, a resposta será sempre a mesma.

Em 1994, FHC recebeu substancial apoio das empresas de telecomunicações, que desejavam que ele cumprisse as promessas de privatizar o setor, feitas durante a campanha. O mesmo aconteceu em 1998. As companhias que buscavam ampliar as concessões de telecomunicações foram as que mais contribuíram para a vitória de Cardoso.[96]

Ele possivelmente não insinua que as privatizações tenham ocorrido somente para alavancar fundos de campanha. Privatizar fazia parte de um programa de governo cuja filosofia era reduzir o Estado a uma expressão mínima, abrindo caminho para o livre mercado. Mas é bem verdade que a engenhosa filosofia do regime eleitoral — sustentada no princípio *one man, one vote* — sempre esteve subordinada ao interesse econômico. O aperfeiçoamento da legislação tem sido incapaz de botar freios seguros na tramitação do dinheiro, que corrói e distorce a vontade do eleitor pela ação direta ou pela manipulação indireta.

O voto, igualado na prática a uma mercadoria, é cada vez mais um produto disponível a qualquer candidato, desde que, é claro, ele tenha poder de comprar a mercadoria que não está à venda a "preço de banana", como se vê na feira em que se transformou a prestação de contas. O rápido giro de milhões de reais ao longo dos poucos meses de campanha não deixa dúvidas de que as eleições brasileiras são milionárias.

Quando o assunto é dinheiro e campanha eleitoral, é difícil arrancar informações dos políticos. Provocado a falar sobre a relação entre os votos e os cifrões para a campanha municipal do Rio de Janeiro, em 1996, Cesar Maia inicialmente reagiu:

P — Esta questão do financiamento é muito complicada no Brasil, certo?
Maia — O que você quer que eu diga, o que já sabe?
P — Tem que bater à porta do empresário?
Maia — Isso. Há empresários que querem aparecer, fazem questão de expor seus nomes, e há os que não querem, que exigem anonimato.[97]

Cesar Maia, no entanto, deu continuidade à conversa. Falou sobre o que considera um erro básico na chamada Propaganda Eleitoral Gratuita, cujo objetivo, em tese, é dar oportunidade igual aos candidatos e baratear os custos de campanha.

O comercial pago nos Estados Unidos sai mais barato do que o horário político gratuito. Uma coisa é ter imagens, editar em estúdio e veicular durante 30 segundos. Outra, completamente diferente, é alugar três câmaras, pagar ilha de edição, contratar três profissionais de primeiro time e levar para a rua... Sairia mais barato se os partidos pagassem o comercial, como qualquer empresa. Podia até definir limites, para coibir os abusos, corrigir desproporcionalidade no uso da televisão em relação à força dos partidos...[98]

Ele fez uma avaliação do custo de televisão, na campanha para prefeituras, estabelecendo relação com o número de eleitores.

> Na campanha de São Paulo, que não tem nove milhões de pessoas, nenhum dos três candidatos gastou menos de nove milhões, só entre televisão e rádio. E não trabalharam com câmara de vídeo, usaram película e depois editavam em vídeo, para conseguir melhor definição de imagem. De saída, apenas entre rádio e televisão, a campanha dos três já custou um dólar por habitante. Pode garantir que a campanha paulista saiu por dois dólares por habitante.[99]

Por isso, no calor da disputa, há os que não medem esforços e, outros, que não medem as conseqüências. Há evidências de candidatos que obtêm ajuda financeira de narcotraficantes e, já agora, existem provas — do caso Waldomiro Diniz — de que pelo menos um bicheiro escorregou dinheiro clandestino para a disputa do governo do estado do Rio de Janeiro. Nesses casos, é como se os beneficiados fechassem os olhos para a origem dos recursos que recebem, fingindo acreditar, como na anedota, que a origem do dinheiro é sempre a Casa da Moeda.

Eleição: relação custo-benefício

Em 1995, o deputado federal paranaense Basílio Vilani revelou uma ponta do sistema que usa para se eleger.

A cada eleição, ele contou, era feita uma avaliação do custo de cada voto que recebia. Tendo como parâmetro essa relação entre custo e benefício, ele procura o lugar onde o voto sairá mais barato:

— Olho uma região e digo: aqui, o voto é muito caro.

A eleição, para Vilani, era muito mais um cálculo aritmético do que político, como ele mesmo contou:

— Eu trabalho por metas. Estipulo o número de votos que quero e vejo quanto preciso em cada município. Não pretendo ser o mais votado. Quero me reeleger.

Mas nem sempre a conta dá certo. Ele muda a tática:

— Pode ter morrido um cabo eleitoral. Zebrou. Tenho que transferir o meu cirquinho. Pego a lona e levo para montar em outro lugar.

Em geral ele atua em 48 municípios paranaenses. E visitava os eleitores durante os quatro anos de mandato. Por essa razão, achava justo que o custo do deslocamento fosse incluído como gasto eleitoral.[100]

Recursos podem ser obtidos também com o uso da máquina administrativa, em práticas que incluem o superfaturamento de obras públicas a partir de licitações com cartas marcadas. As administrações municipais, estaduais e federais são loteadas em acordos políticos e funcionam como principal fonte da formação de caixa dois das campanhas eleitorais.

O efeito danoso, no entanto, vai muito além do que é produzido nas urnas. Sem ideologia, os competidores perdem o apoio dos militantes e, em geral, mergulham na demagogia, esquecendo mesmo os compromissos com os genéricos programas partidários, cada vez mais indiscerníveis uns dos outros. Euros, dólares, libras ou reais. Nada parece poder conter o poder político do dinheiro. Fato que provocou um suspiro conformado de Bobbio.

Se a democracia não é o melhor dos bens, é o menor dos males.[101]

Mesmo que não se admita a premissa idealista de Tavares Bastos (1839-1875) sobre a vida pública — "o estádio da honra e da glória" —, há de se concordar com o diagnóstico feito por ele, em 1873, sobre o caráter de "mercancia de grosso trato",[102] considerando o caráter das disputas eleitorais mais recentes.

As antigas práticas das eleições no Império, alimentadas por problemas econômicos e sociais persistentes, penetraram no mundo republicano. Feita a universalização do voto, acabaram-se as restrições que bloqueavam o ingresso de eleitores no processo, a exemplo do que ocorria com o voto censitário. Antes, um consenso antidemocrático determinava o privilégio: o candidato selecionava o eleitor que selecionaria o candidato. O tema invariavelmente sugere uma conclusão quase consensual.

> A manutenção do envolvimento popular em níveis baixos foi um traço constante da lógica do sistema político, monárquico ou republicano.[103]

Massificado o voto, com ampliação da fiscalização e a contenção da partidarização da polícia, cresceria a influência do dinheiro, numa interferência mais difusa e muito mais maléfica para a representação política. Isso porque, derramado sobre um quadro econômico-social muito distorcido como no Brasil, seus efeitos são desastradamente nefastos. O voto é o único bem de troca de que dispõe o eleitor necessitado que, por isso, se mantém preso às rédeas que sempre o controlaram e o transformaram no "vulcão adormecido" de que falou Hermes Lima (1902-1978).

> A política brasileira tem a perturbá-la, intimamente, secretamente, desde os dias longínquos da independência, o sentimento de que o povo é uma espécie de vulcão adormecido. Todo perigo está em despertá-lo. Nossa política nunca aprendeu a pensar normalmente no povo, a aceitar a expressão da vontade popular como base da vida representativa.[104]

O foco desse debate não está somente no passado, mas ambém no presente e no futuro. Os barões que transitavam pelo Congresso atestavam a falsidade da representação do parlamento no Segundo Reinado, onde só uma fração da opinião pública tinha voz.

> Eles não eram apenas excelências, mas altamente cultos e pertenciam em geral às famílias mais importantes, com uma tradição de riqueza, prestígio e poder. Suas atitudes, bem como suas roupas, eram geralmente inadequadas ao ambiente.[105]

Ali desfilavam apenas os que tinham "renda superior a oitocentos mil réis anuais que poderia ser obtida por bens de indústria, comércio ou emprego". O Senado, ninho do proprietário rural, era composto essencialmente por membros da elite socioeconômica da terra.[106]

Eleitores de cabresto

Após as eleições de 1945, em Minas Gerais, Orlando Carvalho promoveu sondagem em centenas de diretórios municipais do interior do estado e montou um retrato irretocável das práticas eleitorais vigentes: corrupção, violência, uso da máquina pública pelo poder local e, naturalmente, a compra de votos.[107] *Não havia necessidade do caixa dois. Sem limites impostos pelas leis, vigorava a força escancarada do poder político.*

Em resposta ao questionário recebido, a cidade de Pomba informou que, da despesa de Cr$ 55.000,00 (cinqüenta e cinco mil cruzeiros) do partido situacionista, Cr$ 20.000,00 (vinte mil cruzeiros) foram utilizados para "compra de votos". Por outro lado, os situacionistas registraram que o alistamento de eleitores foi feito gratuitamente pela prefeitura.

Segundo Orlando Carvalho, "freqüentemente, no interior, o eleitor alistado por intermédio de um partido considera-se obrigado a votar com ele". Daí a máxima de que, feito o alistamento, a eleição estava ganha. Ele descreve o processo eleitoral na cidade de Bicas, onde aparece com nitidez a graxa que fazia girar a roda da fortuna eleitoral.

Os eleitores da roça foram transportados a expensas desses dois partidos, pelo fato de se acharem subordinados a patrões que, por sua vez, estavam presos política e financeiramente a poderosos oligarcas locais, chefes da situação e senhores da prefeitura.

Esse admirável esforço pessoal talvez tenha sido pioneiro, pelo menos no Brasil, na tentativa de avaliar o custo médio do voto, com base nas informações dos partidos ao questionário enviado e nos "resultados divulgados pela imprensa. Portanto, não oficiais". O trabalho é incipiente, frágil como ele reconhece — "há falta de escrituração das receitas e despesas partidistas" —, mas importante como marco dos gastos financeiros em campanhas eleitorais. Alguns exemplos:

> *Custo médio do voto para o candidato B. — Alfenas: Cr$ 33,00; Curvelo: Cr$ 40,00; Lavras: Cr$ 4,30; Pomba: Cr$ 4,20; Pouso Alegre: Cr$ 11,50; Mariana: Cr$ 8,80.*

Com o olho aguçado, o mineiro Gustavo Capanema, (1900-1985), relator da Comissão de Constituição e Justiça que, em 1950, aprovou um novo Código Eleitoral, chegou a propor, sem sucesso, mudanças substanciais na legislação. Ao destacar o ponto essencial da reforma, Capanema vaticinou.

> Fazer diminuir ou cessar o abuso do poder econômico. A principal arma dos candidatos, em casos freqüentes, não tem sido o seu próprio valor, ou serviços prestados, mas o dinheiro. De eleição em eleição, o emprego dessa arma vai aumentando, com evidente desprestígio das campanhas eleitorais.[108]

Capanema, falecido em 1985, não viveu o suficiente para ver como a coisa ficaria ainda pior do que pressentia.

No rosário de exemplos da interferência do dinheiro no processo eleitoral, que faz a "mercancia de grosso trato" cruzar séculos, é possível destacar um caso registrado na 102ª Zona Eleitoral da cidade de Pombos, em Pernambuco, ocorrido em 1996. Lavrado pela escrivã Rita Maria de Melo, a ocorrência, mais grotesca que pitoresca, foi narrada em detalhes pelo vereador Josuel Vicente Lins, presidente da Câmara Municipal.

O dinheiro voa em Pombos

A prefeitura municipal de Pombos firmou um convênio com a Fundação Nacional de Saúde para construção de uma adutora, nesta cidade, no valor de R$ 1.100.000,00 (um milhão e cem mil reais). No dia 1º/10/96 foi liberada, através do Banco do Brasil, a primeira parcela do citado convênio, no valor de R$ 650.000,00. No mesmo dia em que o crédito chegou à agência local, o prefeito sacou mais de R$ 300.000,00, através de dois cheques, com a alegação de que o dinheiro sacado pagaria três meses de salários atrasados e que aplicaria o saldo na campanha eleitoral, garantindo assim a eleição do seu candidato.

> DD. Presidente,
>
> Movidos pelo dever de zelar e fiscalizar a boa aplicação do dinheiro público, vimos, através do presente relatar e denunciar a V.Exª o que se segue:
>
> 1- A Prefeitura Municipal de Pombos firmou um Convênio com a Fundação Nacional de Saúde, para construção de uma Adutora, nesta Cidade, no valor de R$ 1.100.000,00 (Um Milhão e Cem Mil Reais).
>
> 2- No dia 1º/10/96 foi liberada, através do Banco do Brasil, Ag. 2473/2 - Pombos- a primeira parcela do citado Convênio no valor de R$ 650.000,00 (Seiscentos e Cinquenta Mil Reais).

A prefeitura de Pombos é de pequeno porte, e a renda municipal é ínfima. O prefeito e o seu candidato à sucessão dizem-se pessoas pobres, todavia... distribuíram colchões, pneus, combustíveis, cestas básicas etc., conforme fitas de vídeo e fotos, entregues ao Juiz Eleitoral da Comarca de Vitória de Santo Antão, além da distribuição de camisetas, bandeiras e faixas da campanha...

No dia das eleições, o prefeito distribuiu dinheiro pela cidade, jogando-o para o alto, para que o povo apanhasse, razão pela qual foi detido pela promotora conforme certidão anexa.

> CERTIFICO para devidos fins, que através do deferimento da Srª Promotora Pública a Drª Norma da Mota Sales Lima, sobre o pedido de Certidão solicitada pelo Senhor Josuel Vicente Lins, no requerimento datado de 11 de outubro de 1996, do Processo nº 90/96-C.E., que no dia 08/10/96, foi dada entrada no Cartório Eleitoral desta Zona, a OCORRÊNCIA Nº 043/96 relatando a prisão do Sr. José João da Silva, Prefeito do Município de Pombos-PE, que foi preso em flagrante cometendo o delito de jogar para uma multidão, dinheiro em espécie várias cédulas, fato presenciado pela ilustre representante do Ministério Público na cidade de Pombos-PE, no dia 03/10/96, às 16:45hs daquele dia.

Quando não são acometidos por esses acessos de entusiasmo com o dinheiro público ou não conseguem abrir caminhos marginais para os cofres estatais, os candidatos dependem de grupos de interesse — um esquema empresarial — para se apresentarem com chances nas disputas. Um concorrente sem dotes financeiros, tocando uma eleição pobre — sem *outdoors*, sem um requintado programa de televisão, sem "santinhos", camisetas, estandartes, carros e cabos eleitorais quase profissionais —, só terá chances de vencer como "fenômeno" excêntrico ou por imposição de notoriedade profissional. Será sempre, de qualquer forma, uma aventura. Nada além de uma aventura honesta ou desonesta que pode ser bem ou malsucedida.

Não é por outra razão que Raymond Strother, um dos mais famosos consultores de política dos Estados Unidos, expôs publicamente um problema derivado do trabalho que desenvolve com sucesso.

> Eu detesto dizer isso, mas pessoas pobres não podem ser eleitas hoje em dia.[109]

Ele conclui o raciocínio com irrespondível argumentação.

> Se você é realmente pobre, provavelmente não tem amigos que são realmente ricos, porque pessoas ricas é que têm amigos ricos.[110]

Não sendo exatamente um homem rico, embora já tivesse granjeado fama e respeito mundiais, o escritor Gilberto Freyre (1900-1987), após a derrota eleitoral em 1950, subiu à Tribuna da Câmara para se despedir da vida política. Em discurso que reunia qualidade literária e ironia, confessou-se como uma das vítimas da falta de dinheiro. Uma das vantagens de morrer em batalhas eleitorais, lembrou, era que "o morto político pode fazer com a própria voz o autonecrológio". E ele assim o fez.

Simples escritor e homem pobre, não saberia negociar votos com eleitores, nem confabular com donos de eleitores (...) foram tremendas sobre o eleitorado, na última corrida eleitoral, estas duas pressões: a do dinheiro e a da vulgaridade.[111]

O "morto político" vingou-se, enterrando o processo eleitoral do qual participou em um túmulo de denúncias.

Ave, Câmara! Mas Ave, Câmara anticésar, antidespotismo, antitirania seja de quem for, inclusive a pior de todas, que é a dos plutocratas. O cesarismo econômico. O cesarismo financeiro. O cesarismo do dinheiro.

O mercantilismo do voto que acabou com a vida parlamentar de Gilberto Freyre foi também o que arruinou o poder dos coronéis do sertão de Pernambuco, e de outros sertões.

As vontades, que antes o matuto simplesmente cedia, passam a ser vendidas e trocadas, não sem alguma reação por parte do chefe que assim vê abrirem-se os seus currais eleitorais. E as eleições, nos municípios do coronel, começam a ser "dispendiosas". O processo eleitoral, com efeito, como que se comercializa em duas fases: do coronel para com o eleitorado... ou do coronel intermediário no negócio de votos para deputados federais, senadores e governadores.[112]

Freyre atacou diretamente a questão da influência do dinheiro.

> São batalhas, estas, ou iguais a estas, que ameaçam tornar-se, em algumas áreas do nosso infeliz Brasil, pura competição entre ricos ou endinheirados, com os pobres apenas a coonestarem com a presença o ato litúrgico da votação livre: tão bonito para inglês ver, tão doloroso para o nativo sofrer.

O mestre de Apipucos apenas roçou no problema que, afinal, não era mesmo objeto direto de suas reflexões sobre o Brasil. Raymundo Faoro (1925-2003), nessa linha, tocou fundo no drama do eleitor cativo, sujeito às "caçadas eleitorais" antes das eleições.

> Não participava da luta pelo poder com a opinião, a vontade ou a resistência. Passivo, dele não se lembravam os políticos sequer demagogicamente, para lisonjear-lhes as aspirações. Era prisioneiro de suas circunstâncias sociais, que o privavam do livre-arbítrio e o deixavam à mercê do governo.[113]

De 1822 — data da primeira eleição realizada no Brasil — até meados dos anos 1960, quando surgiram as primeiras regras sobre o uso do dinheiro em campanhas eleitorais, passaram-se quase 150 anos. Nesse sesquicentenário, em busca da perfeição do método, discutiram-se e foram aplicadas variadas legislações. Um reformar incansável percebido atentamente, em 1940, e registrado, em livro clássico.[114]

> Anulamos e refizemos alistamentos; alteramos diversas vezes o mecanismo de qualificação, a composição das mesas eleitorais e das juntas apuradoras; incluímos a magistratura e a política no processo eleitoral e as excluímos; tivemos a eleição indireta e a eleição direta, o voto devassável e o sigilo do voto; ampliamos e restringimos as circunscrições eleitorais; experimentamos o escrutínio da lista, o voto proporcional...

Enfim, nada dava certo. Mas o furor legiferante prosseguiu e prosperou. A multiplicação de regras casuísticas expõe, com freqüência, o insucesso das chamadas leis de ocasião. Em anos mais recentes, estabeleceu-se o parlamentarismo e, em seguida, ele foi aposentado; abriu-se, em plebiscito, até mesmo a possibilidade de restauração da monarquia, mas prevaleceu o presidencialismo; criou-se a propaganda eleitoral na televisão e no rádio, a Lei Falcão, a sublegenda; inventou-se o senador biônico e, por fim, a urna eletrônica. O trabalho do legislador lembra a dificuldade de um bombeiro que extingue mal um incêndio e que, ao apagar o fogo, vê surgir outro foco. Atento a esse desvio — que combina mérito, incompetência e má intenção —, houve muitos alertas.

Por esse mesmo motivo, a atenção dos observadores quase sempre se desviava dos fatores econômicos e sociais, mais profundos, que eram e ainda são os maiores responsáveis pelo governismo e, portanto, pelo falseamento intrínseco da representação.[115]

A premissa falsa, montada por alguns, de que o problema era, ou é, puramente da forma e não do conteúdo, determina mudanças na superfície e deixa intocado o tesouro do fundo do mar: a questão social. Em maioria pobre e analfabeto, o eleitor ainda vive dependente, como vivia o Jararaca, encontrado por Joaquim Nabuco (1849-1910), num casebre de Recife, na campanha eleitoral de 1889.

O eleitor Jararaca

Elas [as eleições] puseram-me em contato direto com a parte mais necessitada da população e em mais de uma morada pobre tive uma lição de coisas tão pungentes e tão sugestiva dos que nada possuem (...) Eu visitava os eleitores de casa em casa, batendo em algumas ruas a todas as portas (...) Doía ver o quanto custava a essa gente crédula a sua devoção política (...) Uma vez, por exemplo, entrei na casa de um operário, empregado em um dos arsenais, para pedir-lhe voto.

Chamava-se Jararaca mas só tinha de terrível o nome.

Estava pronto a votar por mim, tinha simpatia pela causa, disse-me ele; mas votando, era demitido, perdia o pão da famí-

> lia; tinha recebido a "chapa de caixão"[116] e se ela não aparecesse na urna, sua sorte estava liquidada no mesmo instante.
> — No entanto estou pronto a votar pelo senhor, se o senhor me trouxer um pedido do brigadeiro Floriano Peixoto. Pode vir por telegrama... E o que ele pedir, custe o que custar, eu não deixo de fazer.
> — Não, não é preciso. Vote como quer o governo... não arrisque à fome toda essa gentinha que está me olhando... Há de vir o tempo em que o senhor poderá votar em mim livremente.[117]

Nabuco pinta o retrato do brasileiro sem cidadania, desgarantido e miserável, sobre o qual Oliveira Viana (1883-1951) disse que vota "por medo, por pobreza, por dependência absoluta". O vezo elitista do historiador o fez acertar no diagnóstico e errar na receita, ao propor a exclusão dos iletrados do processo político.

Propostas como a de Oliveira Viana foram rebatidas, antecipadamente, por visões mais liberais, como a de José Bonifácio, o Moço (1827-1886). Em discurso na Câmara dos Deputados, em 1879, ele mostrou que os defensores da proposta de veto ao eleitor analfabeto — que seria consumado em 1881 — se acovardavam diante do desafio de levar até o fim a lógica da exclusão que reservava os frutos da sociedade para os predestinados. Assim, entrou no tema com indignação.

Os analfabetos não votam porque não sabem ler...
Sede lógicos: excluí os cegos, porque não podem
ler...; excluí os surdos porque não ouvem...; excluí os mudos, porque não falam...; excluí os epiléticos... os pródigos...; excluí os velhos
desmemoriados, que já nem mesmo conservam
inteiras as lembranças da própria vida. O vosso
projeto é uma obra incompleta; parece aterrorizar-se ante as tremendas conseqüências de seu
próprio princípio.[118]

Acintosa exclusão. Em vez de instruir, excluir. A saída do problema pela porta mais larga e fácil tenta disfarçar um fato indiscutível: a existência de um eleitorado livre exige não só condições de ordem política e jurídica, mas também — e principalmente — condições sociais. A liberdade de votar "pressupõe a inexistência de qualquer coação sobre o eleitor".[119] A pobreza material é o terreno onde nasce e se multiplica o governismo que orienta a maioria do eleitorado e baliza o comportamento dos políticos. A busca ou a manutenção do emprego — no passado, no presente e no futuro — é o outro lado da moeda que prende o cidadão ao cabresto oficial. A não-emancipação econômica é a razão mágica que determina vontades, elimina o livre-arbítrio e desvirtua a soberania do eleitorado. Assim, surge a dúvida que força a pergunta: em que medida terá mudado o cenário descrito por Nabuco no final do século XIX?[120]

Foi a isso que a escravidão, como causa infalível de corrupção social, e pelo seu terrível contágio, reduziu a nossa política. O povo como que sente prazer cruel em escolher o pior (...) e ficou provado que nem mesmo é preciso candidatura oficial para eleger câmaras governistas. A máquina eleitoral é automática, e, por mais que mudem a lei, o resultado há de ser o mesmo.

Ou, como narrava Francisco Belisário Soares de Souza (1839-1889), em 1872, antes de Nabuco.[121]

Nas últimas e multiplicadas eleições da província do Rio de Janeiro (...) o governo, ora demitindo dos cargos públicos locais os conservadores e nomeando os liberais, ora demitindo estes e reintegrando aqueles, ia obtendo, de uns e de outros, votações para os seus candidatos. Se acontecia vencerem os demitidos (...) eram eles logo reintegrados nos cargos, dos quais há pouco tinham sido demitidos a bem do serviço público, isto é, das eleições.

Cargo público, dinheiro e política formavam a trinca infernal que cruzou o tempo até ganhar a formação mais moderna já apontada: dinheiro, televisão e marketing. Mudou para que ficasse igual. Assim se fazem e se refazem as situações de continuidade que constroem o roteiro do "drama cômico" definido pelo sociólogo Florestan Fernandes (1920-1995). A "não-ruptura com o passado" forma um "círculo vicioso que tende a repetir-se em quadros estruturais subseqüentes", que "não é da essência do capitalismo em geral, mas é típico do capitalismo dependente".[122] As reformas — que mudam para que tudo permaneça igual — geraram ilusões na escritora Rachel de Queiroz (1910-2003), antiga mesária de seções eleitorais.

> Não sei bem se o sentimento será de saudades; mas a verdade é que a eleição mudou muito. Recordo a eleição do tempo de dantes: tiro, comedorias, botina de graça para os eleitores, cachaça a rodo, era um carnaval. Votava vivo e votava morto, votava doido do hospício, só não votavam nossos inimigos políticos.[123]

Mortos votando? O poder do dinheiro operava o milagre. O escritor Lima Barreto (1881-1922) deu tempero de realidade à ficção, embutido nas necessidades do rapaz, futuro escrivão, Isaías Caminha.

> — Eu queria que Vossa Senhoria, senhor coronel... recomendasse o rapaz ao doutor Castro.
> O coronel esteve a pensar. Mirou-me de alto a baixo, finalmente falou:
> — Você tem direito, seu Valentim... É... Você trabalhou pelo Castro... Aqui para nós: se ele está eleito, deve-o a mim e aos defuntos, e você que desenterrou alguns.[124]

Faltando os vivos ressurgem os mortos, conforme relato do jornalista José Vieira (1880-1948). Ele presenciou na Cadeia Velha[125] a comédia de reconhecimento dos eleitos, no pleito de 1909. A preocupação, nas Comissões de Reconhecimento dos eleitos, estava voltada exclusivamente para os embaraços das fraudes primárias.

> ### O voto do finado Joaquim Duarte
>
> *As eleições correram irregularíssimas. Em Cariacica tivera Graciano 20 votos. A ata registrou 2... Em São João do Muqui, votara o cidadão Senlunkaiata que, no dia da eleição, se achava no Egito.*
> *— Mas Santo Antônio não fez a mesma coisa? Eu só não concordo é com a foto do finado Joaquim Duarte da Silva. Tenho aqui sua certidão de óbito e não concordo...*
> *— Podia haver outro indivíduo com o mesmo nome — observou Torquato (Moreira).*
> *— Bom, perfeitamente. Agora concordo. Podia ser muito bem um caso de materialização do espírito. Isso já está muito usado hoje. Há pouco, um sábio americano propôs ao governo de Nova York substituir a polícia da cidade por espíritos materializados... Podia fazer o mesmo para as eleições no Brasil... Mas vamos adiante.*
> *A ata de São Paulo de Itabapoana tem todos os nomes com a mesma letra...*
> *— Talvez tivessem todos o mesmo professor de caligrafia.*
> *— É possível. Eu já concordei que um defunto votasse.*[126]

Assombroso! Quantos mortos terão votado em 2002? Não terá sido por acaso que, no relatório administrativo sobre aquelas eleições, o ministro Nelson Jobim, na presidência do Tribunal Superior Eleitoral, incluiu como sugestão para depurar a votação uma espécie de caça aos mortos no cadastro de eleitores.

> Considera-se necessário celebrar convênio de cooperação com o INSS, para cruzamento com os dados do Cadastro de Óbitos naquele instituto. Imprescindível, a outro passo, providências legislativas objetivando estabelecer penalidades para os cartórios de registro civil que não prestarem informações imediatas à Justiça Eleitoral sobre os atos do interesse desta.[127]

Onde os mortos participam, os vivos são excluídos. Aos olhos atentos do repórter não escapou o alijamento total dos eleitores nas decisões das urnas.

> As chapas que os estados indicaram para a constituição da nova Câmara foram organizadas sem nenhuma interferência dos eleitores, sem nenhuma consulta à vontade popular. Principalmente nos estados pequenos, as candidaturas definiram-se de acordo com as predileções dos chefes de partido, sendo que alguns destes tiveram de ceder da sua escolha a indicações feitas pelos próceres da política geral.[128]

Numa observação certeira, o historiador Francisco de Assis Barbosa (1914-1991), prefaciador da reedição do livro de Vieira, arrematou, harmonicamente com o prefaciado, a marca da exclusão na sociedade brasileira.

Como na política, faltava na literatura o povo.[129]

A legislação, pelo caminho da depuração, foi eliminando fraudes primárias e tornando algumas delas deformações residuais: *voto dos mortos, o cabalista, o cacetista, a guilhotina, o curral, a degola, o bico-de-pena, as atas falsas e os fósforos*. O trabalho desses últimos pulou também da realidade para a ficção, na obra de Mário Palmério (1916-1996).

Um fósforo chamado Doquinha

Com o juiz de paz, o Juvêncio, inteiramente vendido aos liberais, dezenas de títulos deviam ter sido entregues ao Osmírio para que pudesse usá-los na sua especialidade: os fósforos (...) Terríveis esses vigaristas eleitorais: assinavam tão bem com a mão esquerda como com a direita...

Calistinho Corneta, Chico Preto, o Doquinha do Juca Bento.

Do Doquinha, então, contavam horrores; na penúltima eleição (...) o tipo pintara e bordara. Votou, a primeira vez, barbudo, representando o velho Didico, morto havia mais de ano; fez a barba, deixando o bigode, e foi para outra seção votar em nome de um tal de Carmelita, sumido desde meses; tirou o bigode e, com a cara mais limpa e lavada deste mundo, preencheu a falta de outro eleitor; e dizem ainda que votou mais uma vez, de cabelo oxigenado e cortado à escovinha, substituindo um rapazinho alemoado...[130]

A insuperável malícia humana, sempre renovada pelo jeitinho brasileiro, inspirou a invenção da urna eletrônica, que pretende oferecer a garantia — vez por outra abalada — de que voto dado é voto apurado. O ministro Sepúlveda Pertence, pela segunda vez na presidência do Tribunal Superior Eleitoral, comemorou o feito com prudência.[131]

> A fraude primária virou, em regra, um problema residual embora ainda com força suficiente para alterar resultados em áreas de pequena densidade de votos.

Pertence conhece a teoria e, como magistrado, a prática. Embora ainda não tenha indícios, ele prega o aperfeiçoamento da urna eletrônica. À preocupação de Pertence, que leva em conta a lisura do ato de votar, deve-se somar um dos pontos do receituário de Pedro II. O monarca, mais precavido com as eleições do que com as mulheres com as quais se envolveu, legou uma observação à história brasileira: "Não é o vestido que fará de vestal a messalina." O ministro medita.

> Extinguimos o mapismo.[132] Mas ainda me preocupa o que chamo de "reunião das cinco horas", quando oficialmente a votação acaba. Se houver acordo entre os mesários, os votos dos eleitores faltosos podem ser distribuídos a um ou

mais candidatos. Em pequenos colégios eleitorais isso ainda pode influir decisivamente no resultado.

Malgrado a mudança das leis — as novas leis quase sempre surgem vestidas com trajes antigos —, a difícil e fundamental alteração nos dados sociais tropeça até mesmo quando, em ocasiões singularíssimas, o voto produz efeitos inesperados, como ocorreu com a vitória de Lula. Por quê?

> Não viram os estadistas, no fenômeno novo, um processo de modernização e autenticidade das estruturas políticas. Não o estimularam com reformas que lhe aprofundassem as tendências, ou com a boa vontade que as completassem e aperfeiçoassem (...) Mostravam-se os políticos (...) inaptos a absorver, transformando criadoramente as correntes subterrâneas e profundas que convulsionaram a sociedade.[133]

O pior cego parece ser mesmo o que não quer ver. A estrada nova, que o eleitor abre, o eleito não alarga. O vitorioso, sem dar continuidade à mudança anunciada, trai o sentido da votação. Trai, portanto, o eleitor.

No oceano de eleitores carentes e analfabetos, medra, além do dinheiro, a demagogia — outra influência importante na construção dos consensos falsos que deformam um dos fundamentos do sistema — tão bem simbolizados na crônica, afiada e atual, de Machado de Assis.

> ### Fidélis Teles de Meireles Queles
>
> *(...) um homem, o leitor ou eu, querendo falar do nosso país, dirá:*
>
> *— Quando uma Constituição livre pôs nas mãos de um povo o destino, força é que este povo caminhe para o futuro com as bandeiras do progresso desfraldadas. A opinião pública deste país é o magistrado último, o supremo tribunal dos homens e das coisas. Peço à nação que decida entre mim e o sr. Fidélis Teles de Meireles Queles.*
>
> *A nação não sabe ler: há só 30% dos indivíduos residentes neste país que podem ler... 70% jazem em profunda ignorância. Não saber ler é ignorar o sr. Meireles Queles; é não saber o que ele vale, o que ele pensa, o que ele quer; nem se realmente pode querer ou pensar. 70% de cidadãos votam do mesmo modo que respiram; sem saber por que nem o quê... Estão prontos para tudo; uma revolução ou um golpe de Estado... As instituições existem, mas por e para 30% dos cidadãos...*[134]

Atualizados os números citados por Machado de Assis, eles não seriam tão diferentes. Ou, então, diferentes o suficiente para alterar os fatores de risco para o processo eleitoral, onde pontifica o dinheiro. Frank Greer, um marqueteiro americano ligado ao Partido Democrata, fala da importância dos recursos financeiros com franqueza desconhecida nos trópicos.

> Nós dependemos de grupos de interesse para angariar dinheiro (...) Angariar dinheiro de grupos de interesses específicos traz consigo um grande problema — aquele grupo irá querer que o candidato, uma vez no cargo, faça alguma coisa de especial do seu interesse.[135]

Um fator, ele anota, que gera importantes resultados.

> As pessoas têm medo de assumir uma plataforma audaciosa em favor do interesse público, porque elas têm que angariar fundos de grupos específicos e das grandes corporações e associações. E elas têm que ter dinheiro pois as campanhas são cada vez mais caras. Aqui em Washington, ninguém tomará uma posição quanto às questões de saúde, porque simplesmente eles não querem contrariar os médicos ou os hospitais ou as companhias de seguro ou o que quer que seja...[136]

A situação é idêntica à do Brasil. Nos trópicos, entretanto, surgem agravantes. Não pela mudança de clima, e sim pelas razões mostradas pelas grandes desigualdades que distinguem um país do outro. O dinheiro, abraçado ao elitismo, forma um par que desafia os tempos e sustenta o preconceito — travestido de conceito — de que a eleição é mesmo um processo restrito a alguns escolhidos.

A caixa sinuosa das eleições

Somando, dividindo ou multiplicando, as contas apresentadas à Justiça Eleitoral são um desacreditado jogo contábil. Disso ninguém duvida. Mesmo assim, são elas as únicas referências possíveis para quem tenta dimensionar o custo das eleições. É preciso então separar o gasto admitido — o oficial — do gasto realizado, que inclui o dinheiro não revelado.

Os avanços das apurações sobre caixas clandestinas de campanhas só conseguem abrir frestas por onde passam réstias de luz que não iluminam toda a escuridão das doações de campanha. A historiografia, em parte por isso, é de um vazio inquietante. Mas os jornais e revistas estão repletos de alusões, de denúncias furtivas, de indicações inconclusas, de insinuações, de palavras veladas, sobre a existência de um dinheiro informal que irriga as eleições e suborna as vontades.

As biografias dos políticos brasileiros — uma prateleira já de tamanho considerável e de qualidade variada —

silenciam; as análises eleitorais evitam sempre a pergunta fundamental: de onde veio e para onde vai o dinheiro da campanha?

Na disputa pela presidência da República, os vitoriosos Juscelino Kubitschek e Jânio Quadros, além dos derrotados Eduardo Gomes, Juarez Távora e Ademar de Barros, entre outros, fizeram campanhas com recursos vindos de onde e por quais caminhos? Naquele tempo — anos 1950 e 1960 —, a legislação eleitoral não cuidava do aspecto financeiro das campanhas.

Por conveniência política, por exemplo, silenciou-se sobre o caixa dois montado para Tancredo Neves, o primeiro civil a se eleger por eleição indireta, após o ciclo militar iniciado em 1964. Fernando Collor, por conveniência política oposta, não escapou. Fernando Henrique Cardoso conviveu com o fantasma do Dossiê Cayman.[137] A história, montada por adversários com dados e documentos forjados que vieram a público, durou mais do que devia porque, embora fosse falsa, era verossímil. Posteriormente a imprensa apontou omissão de doações na declaração oficial das duas campanhas presidenciais de Fernando Henrique Cardoso. Tanto que pipocou depois a descoberta de planilhas eletrônicas apontando uma conta paralela para a campanha do tucano, calculada em, aproximadamente, R$ 10 milhões (1998) e R$ 8 milhões (1994).[138] Tudo foi prontamente desmentido. Tanto por FH quanto por Bresser Pereira, responsável pela arrecadação. Ele justificou os números como sendo apenas "expectativa de arrecadação" e não doações efetivamente recebidas.

A reeleição, que possibilitou um segundo mandato para FH em 1998, não se livrou da acusação de ter sido alcançada com a compra de votos de parlamentares. Surgiram gravações clandestinas, o assunto ocupou as principais páginas de temas políticos dos jornais, mas foi arquivado.

Lula e Serra, os dois principais adversários nas eleições de 2002, foram chamuscados por indícios de que trabalharam com caixa dois. Os episódios, revelados antes das eleições, geraram escândalos de maior proporção para o tucano. Lula, àquela altura, ainda estava blindado pelo discurso da ética que o PT expressava. A primeira vítima, porém, logo na abertura da estação eleitoral, foi a então governadora do Maranhão, Roseana Sarney.

No dia 1º de março, quase sete meses antes da eleição presidencial, Roseana Sarney tripulava enorme popularidade como pré-candidata à presidência. A presença dela na disputa municiava o PFL para uma queda-de-braço com José Serra. Naquele dia, um grupo de agentes da Polícia Federal entrou na sede da empresa Lunus — de propriedade de Roseana e de seu marido, Jorge Murad —, confiscou documentos e apreendeu 26.800 notas de R$ 50, que, somadas, atingiam o montante de R$ 1,34 milhão. A foto da bolada de dinheiro impressionava quem a via publicada nos jornais, ouvia sobre ela em comentários nas emissoras de rádios ou acompanhava a exibição pela televisão.

Várias versões foram apresentadas para justificar o dinheiro. A explicação definitiva foi dada por Murad, que ocupava a secretaria de Planejamento da administração de Roseana. No Palácio dos Leões, sede do governo maranhense, com o rosto contraído pela tensão e já no papel de ex-secretário, ele leu uma nota oficial e assumiu a responsabilidade pela origem do dinheiro. Alegou que era recurso para a pré-campanha da mulher à presidência da República e revelou publicamente a existência do caixa dois. A opção por se expor à prática de crime eleitoral — as doações só podem ser feitas a partir do registro oficial da candidatura — e, eventualmente, de sonegação fiscal procurou jogar um manto de proteção sobre Roseana.

> Agi só. Agi por determinação própria. Corri os riscos inerentes à realidade social do país. Assumo a responsabilidade desse ato, o de ter buscado numerário para fazer face às despesas iniciais e inevitáveis nesse momento de pré-campanha.[139]

Não foi bem-sucedido. Nesse vaivém das explicações, o advogado Vinicius Berredo, contratado na primeira hora para defender Roseana, ficou sem a escada e com a brocha na mão.

> Nunca mudei de versão. Como advogado, sei o que meu cliente me conta. Hoje, se me perguntarem do dinheiro direi que é doação de campanha. Se amanhã me disserem que foi o George Bush quem mandou, vou dizer que foi.[140]

A história de Murad, se não é verdadeira, é, pelo menos, plausível. E nela Roseana se apegou para ponderar.

Qualquer político que faz uma campanha (...) tem que arrecadar dinheiro. Desafio algum candidato, quem quer que sejam os candidatos que estão aí, a dizer como é que estão fazendo suas campanhas políticas, como estão pagando suas pesquisas, seus jatinhos. Eu desafio.[141]

Em 1992, durante a CPI que incriminou Collor, os parlamentares insistiram em rastrear a influência do dinheiro coletado por Paulo César Farias. Esbarraram, porém, nas convicções daquele silencioso coletor de fundos de campanha. PC minimizou sua importância e despejou a frase célebre repetida depois em prosa e verso por todo político apanhado ou não em flagrante.

A legislação eleitoral brasileira é hipócrita.[142]

Foi esse o argumento usado por Roseana Sarney. Segundo ela, "campanha se faz é assim mesmo (...) com dinheiro vivo". Ela lançou mão do recitado adjetivo sobre o confronto entre os recursos de campanha e as restrições morais lembradas nessas ocasiões: "hipócrita".

A confissão não absolvia o pecado. Nos fios da contradição, foi enforcada a candidatura de Roseana Sarney à presidência da República. Ela renunciou. Mas o dinheiro novamente voltaria a empurrar o Maranhão para dentro do caldeirão de escândalos onde ferveu o financiamento para as campanhas de 2002.

As urnas naquele ano estavam, em tese, guarnecidas contra fraudes, não só por novas medidas legais[143] como também, e principalmente, pelo uso de mais de 350 mil urnas eletrônicas espalhadas de norte a sul do país.

No dia da eleição, a Polícia Federal — de novo — rastreou o uso de dinheiro ilegal na competição e prendeu, no aeroporto de São Luís, o coronel da reserva do Exército Orlando Lima Pantoja, quando ele embarcava, em avião fretado, levando, para a cidade de Imperatriz, R$ 371 mil em dinheiro. Cunhado do chefe-de-gabinete do governador José Reinaldo, que disputava a reeleição, Pantoja responderia a inquérito por suspeita de crime eleitoral. O segundo golpe, assestado contra os interesses políticos do clã Sarney, destravou as línguas que, até então, apenas faziam insinuações sobre os supostos mentores das ações da Polícia Federal. Roseana Sarney não se conteve e acusou.

> É coisa do Serra, da corriola do Planalto. É por isso que o Lula está no primeiro lugar na pesquisa.[144]

Uma montanha de dinheiro, num país de distorções sociais extremas, incomoda muita gente. Uma montanha de dinheiro suspeito incomoda muito mais. A lei permite doações individuais e de empresas, mas o advogado Fernando Menezes, especialista em legislação eleitoral, avalia que os candidatos acabam encontrando em alguns empresários uma parceria para a montagem da operação que consolida a sonegação e o caixa dois.[145] Assim, as eleições se fazem sempre com a soma do "caixa um" com o "caixa dois". A "sobra de campanha" — e invariavelmente sobra — ganhou notoriedade quando foi usada para justificar o pagamento de gastos particulares do ex-presidente Fernando Collor, na inútil tentativa de livrá-lo do processo de *impeachment*, em 1992.

Em 1995, quando ainda vigorava o sistema de venda de bônus para arrecadar dinheiro, o presidente da Câmara Brasileira da Indústria da Construção (CBIC), Marcos Villela de Sant'Anna, falou das doações não registradas.

> Quanto mais escuso o interesse, maior a necessidade de que ele não seja transparente. Se tem um governador ou um parlamentar pilantra, a empresa não vai fazer a doação abertamente.[146]

Sant'Anna, defensor do financiamento público, rasgou o véu moralista que cobre de hipocrisias as eleições brasileiras.

> Toda campanha de síndico em diante precisa de dinheiro. É hipocrisia dizer o contrário.[147]

Hipocrisia, disse Roseana Sarney; hipocrisia, repetiu Villela de Sant'Anna, da CBIC; hipocrisia, dirá fulano e repetirá beltrano, dando eco à frase de PC Farias na CPI. O veterano jornalista Villas-Bôas Corrêa, depois de catalogar PC Farias como "um especialista na matéria de celebradas habilidades na coleta de verbas para a irrigação de candidaturas", deu fé às palavras do depoente com a autoridade profissional de quem acompanha a política nacional desde os anos 1950.

> Está de pé a sua sentença irretocável, proferida em voz forte, com ênfase e pose de estadista.[148]

Certa ou errada, a versão de que Serra seria o demolidor da candidatura de Roseana se sustentou, além das suspeitas políticas, no fato de o subprocurador-geral da República, José Roberto Santoro, atuar profissionalmente na área da Saúde. Em 1998, ele foi autor da ação que determinou o repasse de 45% dos recursos obtidos com a cobrança do seguro obrigatório de automóveis. A medida rendeu ao Ministério da Saúde, capitaneado por Serra, uma bolada de R$ 300 milhões. "Estivemos juntos umas quatro ou cinco vezes", admitiu José Serra ao se defender da acusação de ter manipulado as ações do Ministério Público Federal contra Roseana Sarney.[149]

O candidato Serra tinha, como todo político tem, telhado de vidro construído pelas doações marginais de campanha. Assim, ele também foi atingido em cheio com o rastreamento das peripécias de Ricardo Sérgio, ex-diretor do Banco do Brasil e ex-coletor de dinheiro para campanhas anteriores do tucano. Ricardo Sérgio é um dos personagens "mordidos" pela fiscalização federal.

> Ricardo Sérgio não é um simples diretor do Banco do Brasil, mas um personagem ligado ao coração tucano. Um exemplo: em 1988, ano em que se formou o PSDB, um dos mais destacados políticos tucanos precisava de recursos para organizar o partido em seu estado. Procurou a direção do partido e foi encaminhado a Ricardo Sérgio. Outro exemplo: Ricardo Sérgio arrecadou dinheiro para a campanha do atual ministro da Saúde, José Serra, ao Senado, em 1994.[150]

Em maio de 2002, quando a candidatura de Serra ainda enfrentava resistência entre aliados, vazou a notícia de que esse ex-coletor de verbas para os tucanos teria "cobrado propina" do empresário Benjamin Steinbruch, no decorrer do processo de privatização da Companhia Vale do Rio Doce.

> O ministro da Educação, Paulo Renato de Souza, e o ex-ministro das Comunicações Luiz Carlos Mendonça de Barros reafirmaram o que declararam à *Veja* — que ambos ouviram queixas de Benjamin Steinbruch segundo as quais o sócio controlador da Vale estava sendo achacado em 15 milhões, de reais ou dólares, por Ricardo Sérgio. O único tucano que veio a público negar peremptoriamente que tenha havido pedido de propina

foi o próprio Ricardo Sérgio. "É mentira", voltou a declarar. Agora, porém, surgem indícios de que a propina não foi apenas cobrada — mas que uma parte chegou a ser paga.[151]

As eleições reproduzem cada vez mais interesses econômicos que os políticos disfarçam sob a retórica de que buscam tão-somente servir à sociedade. As discussões sobre campanhas eleitorais estão coladas aos movimentos políticos e econômicos dos grandes financiadores. Nas quatro eleições que Lula disputou — a era Lula —, considerando somente as somas visíveis no *ranking* oficial encaminhado à Justiça Eleitoral, os bancos e as empreiteiras se revezaram no topo da lista.

A questão em si, mais uma vez, não é exclusiva do Brasil. Invade também a preocupação da sociedade de economias centrais, nas quais, no entanto, se nem tudo é transparente, as regras são mais duras e as punições, severas.

Embora o jogo político não seja, obviamente, estranho ao mundo dos negócios, nem sempre essa relação é identificável. Em regra, é escamoteada em função de acordos escusos que terão reflexos profundos no aparelho governamental, seja no Executivo, no Legislativo ou no Judiciário. O fato não é novo e apenas se multiplicou infinitamente. Há registros da influência do poder econômico desde o Brasil colonial. Pelas regras das Ordenações Filipinas, elegiam-se, então, juízes e fiscais com "subornos e induzimentos".[152]

Os recursos declarados junto ao Tribunal Superior Eleitoral não refletem todo o dinheiro coletado e empregado nas campanhas eleitorais. A conta oficial não inclui, naturalmente, o dinheiro do caixa dois, embora ele seja de uso generalizado entre os candidatos. Esse dinheiro compõe aquilo que Walter Costa Porto, ministro aposentado do Tribunal Superior Eleitoral, chamou de "financiamento sinuoso das campanhas".[153]

Há quem veja na pobreza do país, como o prefeito Cesar Maia, um fator de constrangimento que ajuda a forçar a circulação clandestina de dinheiro.

> Choca a população quando o candidato apresenta um valor alto. Ele precisa reduzir. Por outro lado, hoje, os empresários brasileiros querem que os seus nomes apareçam, em função do Imposto de Renda. Falo das empresas sérias, evidentemente. É preciso pedir para que eles quebrem o galho, declarem apenas uma parte da doação efetiva.[154]

Para os mais tímidos e para os calouros da política, pode ser que sim. Mas serão, por certo, parte de uma minoria e, conseqüentemente, vítimas da contradição preparada por eles mesmos. Enroscam-se na pregação pública de que a função política está acima dos interesses pessoais, partidários ou econômicos. Some-se a isso o discurso de forte conteúdo moral que, entranhado no imaginário do eleitor e explorado à exaustão pelos eleitos, construiu um mundo falso para encobrir o mundo verdadeiro.

> A própria noção de que os grupos políticos devem representar interesses tende a ser vista como imprópria pela elite brasileira. Ao contrário, sempre prevaleceu a idéia de que partidos e políticos devem se colocar acima dos interesses e ter sempre em mira os objetivos da nação como um todo.[155]

A esquerda brasileira foi a última a se emaranhar nas teias do dinheiro. Por isso, o PT, que atirava pedras nos adversários, virou vidraça. O começo trágico foi o assassinato de Celso Daniel (1951-2002), prefeito de Santo André, no ABC paulista. A morte por encomenda — ocorrida no berço do moderno sindicalismo brasileiro, inspirador do Partido dos Trabalhadores — trouxe à tona um esquema de favorecimentos a empresários do setor de transporte. Um dos beneficiados, posteriormente acusado de mandante do crime, seria Celso Gomes da Silva.

Segundo João Francisco, irmão de Celso Daniel, "parte do dinheiro arrecadado nesse suposto esquema de propina financiaria campanhas do PT".[156] O partido naturalmente desmentiu. Mas a história ganhou fôlego porque, a exemplo de outras, é verossímil.

Mas uma bomba maior ainda explodiria no núcleo do governo Lula.

A cúpula do partido — o presidente da República, inclusive — estava engalanada para comemorar os 24 anos da fundação do Partido dos Trabalhadores, em cerimônia no Hotel Glória, no Rio de Janeiro, no dia 13 de fevereiro. A imprensa jogou água no chope dos petistas. A revista *Época* antecipou a chegada às bancas e circulou, naquele dia, com uma reportagem de capa que projetaria para a fama um obscuro subchefe de Assuntos Parlamentares da Presidência da República: Waldomiro Diniz.

Os fatos aconteceram em 2002, quando Diniz era presidente da Loteria do Estado do Rio de Janeiro (Loterj). Ele caiu numa arapuca armada pelo bicheiro conhecido como Carlinhos Cachoeira. Foi gravado e filmado, pelo próprio Cachoeira, pedindo dinheiro para as campanhas eleitorais de Rosinha Garotinho e Benedita da Silva. Não podia mesmo dar certo. Diniz servia a duas senhoras, rivais na competição pelo governo do estado do Rio de Janeiro. A Rosinha, Waldomiro devia o emprego no qual Benedita o conservava.

Em um trecho da fita, Waldomiro abre o jogo das doações clandestinas.

> Waldomiro — (...) O pessoal está me enchendo. O pessoal do Garotinho me chamou...
> Cachoeira — Eu posso ajudar, mas ajudar pouco (...) Quanto e para quem?
> Waldomiro — Você tem de me dizer quanto. Vamos dizer, pra gastar 500 mil, tá bom pra você?

Cachoeira — Trezentos.
Waldomiro — É pouco, não é não? Duzentos para cada.
Cachoeira — Duzentos pra cada? Cento e cinqüenta. Dá?
Waldomiro — Dá.

Diniz foi demitido da função. O mundo político ficou hipocritamente horrorizado. O PT voltou a falar em ética. Sem ênfase.

Não surpreende a intrincada relação da política com o dinheiro. Andam de mãos dadas. Mas há limites éticos a serem respeitados. A fronteira está traçada de forma clara.

> O que se poderia esperar do político não é a obediência à ética judaica-grega-romana e cristã, que poderia inscrevê-lo no hagiológio da humanidade, mas embaraçaria sua ação. Não se quer dizer, com isso, que o político deva abandonar os princípios daquela, nem medir as ações unicamente pelas conseqüências. Basta que o político atue fundado em valores superiores, repelindo motivações torpes, detendo-se diante do crime e do despotismo, que, no mundo atual, entram na categoria da patologia política e da patologia de seus titulares.[157]

Muitas fortunas certamente nasceram no lado oculto das campanhas como expressão dessa patologia. À sombra dos procedimentos marginais, há até mesmo certa tolerância dos candidatos com os coletores que eles credenciam. Assim, nem todo dinheiro chega aos cofres da campanha: seja o legal, seja o ilegal. O dinheiro "não passa das mãos por onde passa", conforme expressão, de meados do século XVII, do padre Antônio Vieira, cunhada, portanto, antes que, em meados do século XX, um pesquisador americano revelasse segredos dos fundos de campanha de JK.

> Nem todos os fundos recebidos iam necessariamente para a campanha do candidato; quando iam, os recibos supostamente representavam custos da campanha. Boa parte do que era recebido ficava com o agente da coleta ou outros encarregados da campanha para uso pessoal — espécie de gratificação por serviços prestados — ou era utilizada para gastos pessoais do próprio candidato. Embora representasse perda para o fundo da campanha, o sistema era tolerado como forma de garantir o recebimento de pelo menos parte do que era doado. Só havia objeções quando o limite preestabelecido era ultrapassado.[158]

No auge do furor autoritário, os generais da ditadura militar de 1964 reviraram a vida de JK e nada encontraram que pudesse justificar a pena de cassação dos direitos políticos que foi aplicada ao ex-presidente. Mas ao redor de JK nasceram e cresceram figuras reais que poderiam inspirar outros personagens de ficção como o Jacinto Góes, do escritor João Ubaldo Ribeiro.

> **A fortuna de Jacinto Góes**
>
> *Jacinto Góes ficou rico com a política. Antes da política, ele era trabalhador de fazenda, chegou a capataz eu acho, sabia ler inclusive, mas era só, e todo mundo se lembra dele andando de pé no chão, indo vender beiju na feira. Mas então, de repente, esse homem me começa a ganhar dinheiro com a política, a ganhar dinheiro e mais dinheiro, e hoje é isso aí que todo mundo sabe que ele é, dinheiro que não tem mais onde enfiar. E, assim que ele se viu melhor de vida, foi largando a política, porque ele não é político, não suporta a política, é um homem muito direito.*
>
> *Não é que eu tenha nada contra a política, eu acho que a política traz o progresso, é ou não é? É assim que você vê que a pessoa vai eleita ou nomeada e com pouquinho já está comprando casa, terreno, fazenda e a parentela vai também se colocando, quer dizer, traz um grande progresso para a pessoa.*[159]

Foi a partir de 1945 que as campanhas eleitorais começaram a exigir mais cifrões. Os partidos, por essa ocasião, passaram a se estruturar nacionalmente. Época também em que começou a galopante urbanização do país, com a maciça migração das populações rurais para as áreas urbanas. Houve um aperfeiçoamento das regras eleitorais e um grande aumento do número de votantes. Os coronéis já não resolviam, a baraço e cutelo, a eleição de seus candidatos ou deles próprios. Não bastavam os financiamentos extraídos da máquina administrativa, como ocorria na República Velha, quando os presidentes faziam seus sucessores "a bico-de-pena". Francisco de Assis Barbosa descreve como essa fraude funcionava.

> Havia especialistas na matéria. Enchiam laudas e laudas de almaço num paciente exercício de caligrafia, com a caneta enfiada sucessivamente entre cada um dos vãos dos dedos da mão direita, para repetir em seguida os mesmos golpes de habilidade com a mão esquerda. A pena Mallat 12, a mais comum, era também a mais indicada para semelhante prestidigitação — corria sobre o papel, ora com força, ora com suavidade, o bico virado, para cima ou para baixo, em posições as mais diversas, a fim de que o traço não saísse igual — frouxo, firme, tremido, grosso, fino, bordado, caprichado, mas sempre diferente.[160]

Há testemunhas que registraram o que viram e fizeram, dando ainda mais fé às palavras do historiador.

> **Eleição a bico-de-pena**
>
> *Em 1899, tinha eu 10 anos, o Coronel Ingá me fazia treinar nas tricas políticas locais (...) pegando-me pelo braço, delicadamente disse: "você vai me ajudar na eleição..." Espantei-me, sem saber o que aquilo significava, e ele levou-me para uma mesa, na sala de jantar, em redor da qual tomava assento, bem assim os mesários (...) Lavrada a ata, teve lugar a votação numa lista em que, realmente, assinaram apenas os membros da mesa, porque as demais assinaturas, de quase uma centena de eleitores, foram rabiscadas por mim e alguns mesários, bem por diversos curiosos que ali apareceram... vi como eram eleitos senadores e deputados com a maior facilidade deste mundo (...) Terminada a votação simbólica, a mesa eleitoral extraía logo os boletins, que eram por todos assinados (inclusive os fiscais), para serem enviados a alguns candidatos, amigos de meu pai, que assim desejavam documentá-los para defenderem seus direitos perante as juntas apuradoras."*[161]

A eleição parecia, assim, uma mera formalidade. Essas fraudes primárias ganharam o reforço maciço de dinheiro, na vaga da industrialização impulsionada pelo Estado com a política de substituição de importações. Alguns empresários se refestelavam nas "tetas" da viúva e retribuíam com doações para as campanhas eleitorais. O dinheiro saía de uma cesta variada de contribuições: além do bolso dos empresários, havia a adesão das associações comerciais; havia a comissão vinda do superfaturamento nas obras públicas e o dinheiro da generosa Carteira de Crédito do Banco do Brasil, além dos empréstimos oficiais com juros especiais e retribuição por favores fiscais e aduaneiros, entre outras mumunhas.

Doações para o caixa dois implicam, necessariamente, o uso de moeda "ao vivo". O dinheiro na mão, mantido normalmente à margem dos canais de circulação, provoca grandes vendavais. Alguns exemplos marcantes na história da República ajudam a compreender o funcionamento do sistema de contribuições.

As mais famosas "caixinhas" eleitorais

Dólares na eleição da "guerra fria"

O anticomunismo foi biombo para muitas trapaças políticas. Em nome de uma suposta "ameaça à democracia", por exemplo, foi fundado, em 1959, o Instituto Brasileiro de Ação Democrática (Ibad), que criaria, em seguida, um braço no Congresso chamado Ação Democrática Popular (Adep). As incursões e os interesses representados pelo Ibad, contados em 1963 pela voz do deputado Eloy Dutra, pareciam ficção política de demagogo.

> Recentemente um grupo de importantes homens de negócios norte-americanos foi chamado pelo Departamento de Estado a opinar sobre a ajuda dos EUA à América Latina. Entre eles figuravam os senhores David Rockefeller (Chase Manhattan Bank) e Emilio Collado (Standard Oil of New Jersey). O relatório divulgado (pela Hanson's Latin American Letter) foi esclarecedor: "é necessário intervir no assunto da política interna das nações latino-americanas".[162]

O então embaixador dos EUA no Brasil, Lincoln Gordon, era denunciado por articular ajuda financeira de industriais americanos para empregar nas eleições brasileiras. O presidente João Goulart (1919-1976) fechou o Ibad, após o desfecho de uma Comissão Parlamentar de Inquérito que comprovou a derrama de dinheiro nas eleições proporcionais e majoritárias de 1962. Foram selecionados e apoiados financeiramente cerca de 250 candidatos a deputado federal, seiscentos aspirantes às assembléias legislativas, candidatos ao Senado e oito concorrentes aos governos estaduais. Os cálculos feitos na ocasião mostravam que o Ibad teria gastado, aproximadamente, Cr$ 5 milhões naquela eleição. O faro político de Eloy Dutra, mais do que as provas de que dispunha, faziam com que ele mirasse na direção certa.

> Se for definitivamente provada a suspeita de ingerências estrangeiras na atuação do Ibad ou da Adep — que corromperam violentamente as eleições de 1962 e as já realizadas em 1963 — não apenas a Lei Eleitoral será invocada, mas ainda a Lei de Segurança Nacional.

Quase quarenta anos depois, com o ex-embaixador Lincoln Gordon à sua frente, o repórter Geneton Moraes Neto disparou a pergunta:

P — A CIA, afinal, deu ou não deu dinheiro a candidatos simpáticos aos Estados Unidos nas eleições de 62 no Brasil?
Gordon — Demos. Depois considerei que isso foi um erro.
P — Quanto a CIA gastou?
Gordon — A minha estimativa é de que foram gastos US$ 5 milhões [a preços de 2002, US$ 30 milhões, ou cerca de R$ 100 milhões].
P — Quem recebeu a ajuda?
Gordon — Houve um grupo de candidatos, geralmente à direita do centro, simpatizantes dos Estados Unidos.[163]

A caixinha do Ademar

Nos anos 1960, estava se consolidando a prática do "rouba mas faz". O método, hoje generalizado, foi colado no ex-governador de São Paulo, Ademar de Barros, um aspirante fracassado à presidência da República em 1955.

No dia 18 de julho de 1969 — "anos de chumbo" no Brasil —, militantes da organização Vanguarda Armada Revolucionária-Palmares, a Var-Palmares, executaram uma das mais bem-sucedidas ações das tantas desfechadas por grupos de esquerda que, então, já tinham se lançado na luta armada contra a ditadura militar.

O comando da Var-Palmares valeu-se de informações privilegiadas de um dos seus militantes, sobrinho de Anna Benchimol Capriglione, ex-secretária de fé e íntima de Ademar de Barros. Político folclórico e populista, Ademar foi, por duas vezes (1947-1951 e 1963-1966), governador de São Paulo. Seu primeiro governo inspirou o lema — "rouba mas faz" — perpetuado na prática político-administrativa brasileira que, por injustiça, só Ademar celebrizou. Ademar enfrentou os boatos de peito aberto. Divulgou a história da "caixinha do Ademar" à sua maneira, usando o talento e a disposição da dupla Herivelto Martins e Benedito Lacerda.

> Quem não conhece/quem não ouviu falar,
> na famosa "caixinha do Ademar",
> Que deu livro, deu remédio, deu estrada,
> caixinha abençoada (...)
> Deixa falar toda essa gente, maldizente,
> deixa quem quiser falar (...)
> enquanto eles engordam tubarões,
> a caixinha defende o bem-estar de milhões.

Na casa da comentada Sra. Capriglione, no bairro de Santa Teresa no Rio, os rapazes da Var-Palmares localizaram no segundo andar o objeto de seus desejos: um cofre de, aproximadamente, duzentos quilos, onde estaria parte do caixa dois das campanhas de Ademar, falecido poucos meses antes. O cofre foi descido por meio de cordas, acomodado numa caminhonete Rural Willys. Posteriormente, foi aberto a maçarico num "aparelho" da organização, e saltaram aos olhos dos militantes milhares de notas verdes de dólares americanos, que, contadas, perfaziam cerca de US$ 2,5 milhões.

Não importa, no caso, o desmentido. Ademar de Barros Filho sempre negou que o cofre fosse uma versão reduzida da famosa "caixinha do Ademar", como diziam as más línguas... Tratava-se, para os militantes, de uma justa expropriação do dinheiro roubado do povo.

O telhado de vidro de JK

Anos 1950. Anos de Ademar. Anos dourados de JK. Foram também os anos da primeira denúncia formal sobre o uso do caixa dois em campanhas eleitorais. Precisamente contra Juscelino Kubitschek, eleito presidente em 1955. JK tornou-se o primeiro político a ter alguns segredos do financiamento eleitoral revelados. O autor do feito é o pesquisador americano Edward Riedinger, ex-professor de língua e literatura inglesa e americana na Faculdade de Letras da PUC-RJ. As informações foram recolhidas por Riedinger a partir de entrevistas com integrantes da campanha e do *staff* financeiro de Kubitschek. Ele se baseou também em documentos de arquivos particulares que não identifica em seu livro sobre a campanha presidencial de JK.[164]

Foi uma campanha milionária e cheia de novidades. Pela primeira vez utilizou-se a "cédula única" oficial e o candidato deslocou-se em campanha usando aviões particulares. JK dispôs de um DC-3 e de um Beechcraft. Ela marcou ainda a utilização dos recursos da televisão, de forma improvisada e sem nenhum freio imposto pela legislação eleitoral. As emissoras de televisão não funcionavam em sistema de rede, eram poucas as transmissoras e pequeno o número de receptores. Durante a campanha, Kubitschek apareceu quase cem vezes na televisão.

Mas as contribuições deram muitas dores-de-cabeça, pois foram usadas como munição pela UDN, que farejou o caixa dois. JK tinha, de fato, telhado de vidro. Mais precisamente o empresário Sebastião Pais de Almeida, apelidado pelos udenistas de "Tião Medonho". Um apelido inspirado no famoso assaltante de um trem pagador, no Rio de Janeiro.

Riedinger mostra como funcionava a engrenagem de arrecadação para uma campanha que, segundo ele, "exigia um bocado de dinheiro". Com todas as limitações impostas por vínculos profissionais e de amizade com o ex-presidente, foi até onde pôde. E foi longe o bastante.

O ousado Programa de Metas, que empurrou o país da inércia para o desenvolvimentismo, matou dois coelhos de uma só cajadada. Era uma promessa — sustentada no governo que JK realizou em Minas Gerais — e caía como uma luva em variados e fortes interesses, facilitando os "donativos", como Riedinger chama as contribuições, que garantiram a vitória mas que também algemaram o governo. Apoiado por latifundiários e pecuaristas, JK fechou os olhos para os graves problemas sociais no campo, onde começavam a se mobilizar as Ligas Camponesas, precursoras do MST.

A lente insinuante em que se transformou texto de Riedinger fotografou o início do império das empreiteiras. As fortunas dessas firmas datam da década de 1950. Hoje elas são as principais empresas brasileiras de construção. Negrão de Lima (1901-1981) era responsável pela coleta de donativos para a campanha.

> Financeiramente, Kubitschek dependia de Negrão de Lima para a obtenção de contribuições, principalmente do Rio e de São Paulo. Em Minas, essa função era exercida por Francisco Rodrigues, chefe do Banco da Lavoura de Minas Gerais, um dos maiores bancos do estado.[165]

Embora de maneira parcial, o pesquisador americano dá resposta à primeira curiosidade a respeito das finanças da campanha: quanto ela custou? Para responder a esta pergunta é preciso porém considerar primeiro o modo como os recursos financeiros foram coletados e distribuídos, de onde veio o dinheiro e para onde ele foi. Só então será possível chegar a uma estimativa aproximada.

A maior parte das doações era feita anonimamente. Poucos pediam recibo, pois não raro os doadores forneciam dinheiro também a candidatos adversários, como forma de prevenirem-se contra resultados imprevisíveis. Além disso, as contribuições geralmente implicavam retribuição, de sorte que, uma vez vitorioso o candidato, o doador seria recompensado com alguma nomeação para cargo público e/ou vantagem pessoal — e ninguém queria recibo como prova de tal "pagamento".[166]

Recebido o dinheiro, grande parte da distribuição "era também anônima". O anonimato, mais uma vez, servia de proteção: o candidato não precisava, assim, revelar segredos sobre sua estratégia de apoio eleitoral.

Minas Gerais foi a base financeira inicial de JK, que tinha a campanha presidencial não só apoiada como também incentivada pelos latifundiários, pecuaristas e fazendeiros. O governo de JK não os ameaçava com a reforma agrária. O programa de construção de estradas e o de usinas hidrelétricas, adotados por Juscelino, constituíram para inúmeros empreiteiros de Minas um considerável impulso empresarial. A imprensa, representada por Assis Chateaubriand (1892-1968), o mais temido e poderoso empresário de comunicação da época, ganhou também um empurrãozinho financeiro.

Além dos comícios, havia os jornais. A maior despesa da campanha de Kubitschek neste particular foi com os Diários Associados. Os pagamentos feitos a jornais incluíam não apenas serviços de publicidade, mas também reportagens e editoriais. A campanha de JK pagou vários milhões de cruzeiros à cadeia de jornais de Chateaubriand.[167]

As denúncias que a UDN lançou contra o presidente respingaram no empresário Sebastião Pais de Almeida, um dos sustentáculos financeiros do candidato JK. Pelo esforço, segundo o pesquisador, Pais de Almeida foi "recompensado com a presidência do Banco do Brasil e com a pasta da Fazenda". Riedinger mostra como a arte de oferecer cargos públicos, do primeiro ao último escalão administrativo, é prática antiga — não necessariamente escusa —, transformada, por costume político, em moeda de troca no varejo das campanhas eleitorais mais recentes.

Pais de Almeida, ministro da Fazenda (1959-1961), foi também "um dos maiores entusiastas da transferência da sede do poder federal do Rio de Janeiro"[168] para a envidraçada arquitetura de Brasília. Era dele, por acaso, o controle da Companhia Comercial de Vidros Planos, que dominava o mercado nacional do setor. A bancada oposicionista propôs, sem sucesso, formar uma comissão parlamentar de inquérito para averiguar o que chamava de "truste do vidro plano", com o objetivo de alcançar o presidente da República.

No capítulo dos recursos de campanha, vindos de empresas estrangeiras, JK contou com a Mannesmann, a Belgo-Mineira e a General Electric, entre outras. Internamente, destacaram-se Azevedo Antunes (1907-1996), da mineração, Wolff Klabin (1891-1957), do ramo de construção, e Horácio Lafer (1900-1965), da área de papel e celulose. No Rio, as contribuições vinham do empresário Celso da Rocha Miranda (1917-1986), do setor de seguros, que também articulava apoio financeiro em São Paulo. O comitê de campanha lançou mão da venda de "bônus" a partir de Cr$ 5 e de material de propaganda, como os *buttons*, cartazes e disco. No patamar mais elevado, as doações variavam entre Cr$ 10 mil e Cr$ 300 mil.

> O Celso ficou encarregado de mobilizar também o empresariado de São Paulo. Como não havia legislação própria para as contribuições, tudo era feito na base da palavra, do fio da barba.[169]

Riedinger tenta, cautelosamente, medir o custo total da campanha presidencial de JK. Ele apalpa o tema com o cuidado de quem sabe que avança em campo minado. O mistério, em alguns pontos, só permite suposição. De todos os concorrentes à presidência, em 1955,[170] apenas Plínio Salgado (1895-1975) registrou o valor financeiro da disputa. Em 1956, ele lançou o "Livro Verde", revelando que gastou mais de Cr$ 11 milhões. Qual seria o múltiplo adequado para calcular o preço da maratona eleitoral de JK?

> É extremamente arriscado fazer uma estimativa do total máximo despendido, mas o mínimo que foi gasto [na campanha de JK] em seu esforço de um ano de duração, viajando três vezes por todo o Brasil (...) deve ter sido por volta de 50 milhões de cruzeiros.[171]

Boi indiano financia o presidencialismo

Para contornar o veto à posse do vice-presidente João Goulart, que assumiria o poder em 7 de setembro de 1961, após a renúncia do presidente Jânio Quadros,[172] um acordo político aceito pelos militares, que vetavam a ascensão de Jango ao poder, instituiu o regime parlamentarista.

A decisão imposta virou fonte de crises. Jango decidiu livrar-se da algema política e submeteu a decisão a um plebiscito popular: parlamentarismo ou presidencialismo? A resposta foi marcada para o dia 6 de janeiro de 1963. O resultado foi um massacre eleitoral a favor do governo, que mobilizou recursos que sustentaram uma monumental campanha que era mais a favor do presidente que do presidencialismo. Henrique Saraiva, um assessor do ex-governador do então estado da Guanabara, Eloy Dutra, revela uma história inédita sobre uma das fontes do financiamento: a compra e a venda de bois indianos.

O empresário, fazendeiro e industrial Sebastião Maia — o Tião Maia, dono do então maior frigorífico que havia no país — foi procurado. Ele ajudou o governo, valendo-se de uma arrasadora epidemia de bócio no rebanho de gado da Índia. Maia sabia onde, na Índia, havia gado sadio. Propôs, então:

— Eu compro na baixa. A notícia vai vazar e o governo manda apreender os navios que transportarem o gado. Depois da quarentena nós acertamos a doação.

Foram mais ou menos essas as palavras do empresário, repetidas de memória por Saraiva, testemunha ocular da história. Os bois ficaram de quarentena no litoral de Santa Catarina. Ao fim da interdição, saudáveis, foram vendidos por preço extremamente vantajoso. O caixa dois do presidencialismo era cuidado pelo banqueiro José Luiz de Magalhães Lins. A massa de recursos acabou com a esperança dos parlamentaristas.

O "Clube do Bilhão" de Tancredo Neves

Eleição indireta — em que os eleitores são somente os senadores e os deputados — também exige dinheiro para ser vitoriosa. Mas, como não há campanha eleitoral, pode-se deduzir que o recurso não é destinado exatamente para gastos com programas de televisão, faixas, *outdoors*, viagens de avião, marqueteiros e coisas assim.

Com a derrota da emenda constitucional[173] que propunha o retorno da eleição direta, o PMDB lançou o nome de Tancredo Neves, um dos mais moderados oposicionistas da ditadura militar. No Colégio Eleitoral ele disputaria a presidência da República contra Paulo Maluf, do PDS, político projetado pelos generais.

A caixinha para a eleição de Tancredo arrecadou um bilhão de cruzeiros. Cerca de US$ 250 mil na época, conforme uma ponta do novelo revelado por Mario Garnero.

> Voltei a estar com Tancredo umas duas vezes... Da segunda fui combinar a minha adesão ao Clube do Bilhão — o esquema de financiamento da campanha dele no Colégio Eleitoral. Àquela altura, a eleição estava praticamente ganha. Mas Tancredo era conhecido por sua cautela. Seria bom ter um fundo disponível para qualquer eventualidade.[174]

Garnero, um dos mais influentes empresários brasileiros até meados dos anos 1980, deixa muitos fios soltos. Contou a história, impulsionado pela paixão de um grande negócio perdido.[175] Mas a versão dele, sobre a qual o mundo político fez silêncio, nunca foi desmentida. Naquela eleição, vencida por Tancredo,[176] criou-se até uma situação paradoxal. A coisa ocorreu assim: o general João Baptista de Figueiredo, o último presidente do ciclo militar (1964-1984), não tinha nenhuma simpatia por Tancredo Neves, político que estava destinado a sucedê-lo pela via indireta.

> Estive com o general Valter Pires, ministro do Exército, e, ao fim de uma longa conversa, liguei para Ronaldo Simões, meu conselheiro no Brasilinvest e genro do Tancredo: as áreas militares estão meio assustadas. Acho que vocês têm de tentar se aproximar.[177]

A aproximação foi feita. Mas o cauteloso Tancredo e seu *staff* cuidaram de manter a aparência de competição, no jogo que já estava decidido. Protegido pelo anonimato, um ex-integrante do esquema financeiro de Tancredo Neves revela.

> Ele nunca esteve inteiramente tranqüilo com relação aos militares. Em certo momento, começou a haver uma debandada de deputados das fileiras malufistas. Surgiu o risco de Maluf desistir. Foi preciso, então, comprar votos para manter o adversário na disputa. Essa eventualidade explica, em parte, a razão de tanto gasto.[178]

Mario Garnero conta, didaticamente, como funcionava o sistema de doação para Tancredo. Uma regra fundamental, raras vezes quebrada, é a de que o candidato nunca recebe o dinheiro diretamente.

> Toda vez que você ouvir um político usar a expressão "um esquema empresarial", saiba que ele está dizendo: a caixinha de campanha. Eu estava no esquema empresarial de Tancredo. Chegara a hora de comparecer. Ele me perguntou com a suficiente elegância:
> — Então, você pode contribuir, além do que já contribuiu?
> Disse que sim e fiz a pergunta fundamental:
> — A quem devo me dirigir?
> — Fale com o Zé Hugo. É ele quem está encarregado.[179]

José Hugo Castelo Branco (1926-1988)[180] era o tesoureiro da campanha e há anos acompanhava a vida política de Tancredo Neves.

> José Hugo me mostrara a lista do *pool*: poucos foram os escolhidos, para contribuições (...) Foi o esquema adotado: poucos, mas bons. Paulo Maluf, o outro candidato, também tinha seu esquema de financiamento, sem contar com o influente telefone que o ministro Delfim Neto permanentemente acionava em seu favor.

A entrega da doação requeria os cuidados exigidos em operações clandestinas. Ou "discreta", na versão elegante do empresário.

> Digamos assim: não havia recibo. O esquema do bilhão tinha seu requinte. O dinheiro passava pela distribuidora Mil, de Belo Horizonte, que não era uma lavanderia mas estava próxima disso. Quando se falou pela primeira vez em Clube do Bilhão, o próprio José Hugo reconheceu. Quem convive na confluência da área financeira com a área política sabe que as coisas se dão assim.

O integrante anônimo do *staff* financeiro de Tancredo acrescenta um detalhe.

> O Zé Hugo tinha uma pasta, tipo executiva, com recibos de várias empresas. Eram empresas legais, mas de fachada. Nas eleições de 1986, para os governos estaduais, ela socorreu alguns candidatos.[181]

A fascinante e misteriosa máquina de arrecadação, com as eleições sucessivas que caracterizam o padrão das democracias políticas, não pára de funcionar. Garnero conta que o poder político do dinheiro, seguindo o curso dos interesses, raramente faz discriminações partidárias. Muitos políticos desfilam desnudos pelas páginas do livro, onde é mostrado que dinheiro não contabilizado sustentou até mesmo a campanha das "Diretas Já", que teve o seu ápice no retumbante comício da praça da Sé, em São Paulo.

Foi assim. Ligou para Garnero o ex-ministro Roberto Gusmão, pedindo ajuda para a campanha. O emissário foi Eugênio Montoro, filho de Franco Montoro (1916-1999), que governaria São Paulo logo depois.

> De fato, procurou-me o filho do governador, e na época seu chefe-de-gabinete. Não saiu desapontado da conversa.

Os políticos não gostam de falar sobre dinheiro de campanha, nem mesmo quando o alvo é a declaração oficial de recursos encaminhada à justiça eleitoral. Preferem se apresentar ao eleitor com a auréola da santificação. É assim no Brasil e no além-mar. Garnero também usa a palavra preferida do mundo político nessas ocasiões — hipocrisia — para desestabilizar a mentira de que eleição é competição de espírito olímpico.

> É hipocrisia fingir que não é assim no mundo todo. No Brasil, as doações são clandestinas. O mal não é você contribuir em favor de uma causa com a qual você se identifique. O mal é você ter de fazer as coisas por baixo do pano. Como empresário, sempre contribuí para aqueles que defendiam pontos de vista que convinham aos meus interesses. Em março de 1985, muita gente se comportou como se as águas do Brasilinvest fossem contaminadas. Se elas fossem, de fato, impróprias para o consumo, metade da população política do Brasil estaria morta.

A história de Garnero exige apenas uma reparação. No parágrafo acima, onde se lê "causa", leia-se "interesse". Fora isso, a metáfora da água potável não é exagero do empresário.

PC paga o pato

O Brasil acordou, na eleição presidencial de 1989, um tanto diferente do país que adormeceu com o golpe de 1964, quando o presidente João Goulart foi deposto pelos militares. O país era praticamente rural. As comunicações internas eram precárias e as regras eleitorais, vacilantes. A força do rádio já tinha perdido o lugar para a televisão. O palanque deu lugar à telinha, os comícios viraram showmícios, um neologismo que consagrava a presença no palanque do artista pago para estimular o eleitor a comparecer. Com a TV, despontaram os marqueteiros. Com eles, o peso das pesquisas de opinião.

A televisão, valendo-se da infra-estrutura montada pelos militares — preocupados com a segurança interna —, ligava o país de norte a sul e, também, ao mundo todo de forma instantânea.

Em 1989, a TV, a pesquisa, o *marketing*, o deslocamento rápido em jatinhos exigiam, mais do que nunca, a força do dinheiro para mexer com a emoção dos eleitores. A situação favorecia — pelo efeito da banalização — um candidato jovem e falante. Fernando Collor de Mello surgiu à feição. Era um populista bem-apessoado e cheio de promessas que não poderia cumprir, porque, eleito pelos pobres, governaria para os ricos. A força do discurso de Lula, propondo mudanças radicais, ajudou a carrear dinheiro e a ampliar a coligação de forças contra o PT.

Depois de certo fracasso inicial, as coisas caminhariam bem para Collor. Quando os percentuais de intenção de voto, medidos pelas pesquisas de opinião, se inclinavam para Lula, os coletores do adversário se fartavam.

Collor entregou ao empresário alagoano Paulo César Farias a chave do caixa, pela confiança angariada, nas mesmas funções, em campanhas eleitorais anteriores em Alagoas. Mas, ao cruzar a fronteira alagoana, PC não se deu bem. Operava com muita voracidade e, geralmente, sem as costumeiras sutilezas com que o assunto é tratado. A fama de PC Farias, como era chamado pelo chefe e identificado na roda de cupinchas, já corria os meios políticos e empresariais do país quando ele foi depor na CPI aberta por denúncias que Pedro Collor de Mello, irmão mais novo do presidente, tornou públicas,[182] ao falar da associação clandestina entre PC e o irmão Fernando, presidente da República.

PC Farias, ex-advogado de júri, ex-vendedor de automóveis novos e usados, ex-locutor de rádio e ex-seminarista, depôs no dia 9 de junho de 1992 perante a CPI. No seu currículo de tantos "ex", incluía-se também o fato de ser ex-seminarista. Só que, havia muito, ele rezava por um versículo que só consta na bíblia eleitoral: o reino de César se conquista com dinheiro.

O ex-seminarista negou Pedro, seu afilhado de casamento, muito mais do que três vezes. O acusado relacionou as ações judiciais que movia contra o denunciante — 18 calúnias, 19 difamações e três injúrias[183] — e discorreu tranquilamente sobre suas funções de ex-coordenador da campanha presidencial de Collor. Contou também que, por um período, ajudou o caixa da campanha de outro político alagoano, Renan Calheiros, candidato ao governo de Alagoas. Por amizade, no entanto, mudou de rumo e passou a apoiar Geraldo Bulhões, que viria a ganhar.

O racha entre as eminências de Alagoas trouxe à tona verdades sopradas pelos ventos da vindita. Ao depor na CPI, Renan Calheiros disse que PC Farias "exerceu forte influência no resultado do pleito" que disputou e perdeu, "especialmente com o aporte de recursos financeiros".[184] Há registros detalhados da influência decisiva de PC nos destinos da política alagoana.

No reino das Alagoas

Renan Calheiros tentou se beneficiar da neutralidade pública do presidente, e conseguiu apoio dos ministros Bernardo Cabral, Zélia Cardoso de Mello e Antônio Rogério Magri. Zélia foi quem mais trabalhou por ele. Além de ter articulado doações de US$ 1 milhão, ela transformou seu gabinete de trabalho em QG da campanha. Uma reunião, em setembro de 1990, juntou Ibrahim Eris, presidente do Banco Central, Lafaiete Cou-

tinho, presidente da Caixa Econômica, e Eduardo Teixeira, secretário executivo do Ministério da Economia.

— O que podemos fazer para ajudar o Renan? — perguntou Zélia.

— Podemos liberar verbas para duas obras, uma no Piauí e outra em Alagoas — sugeriu Lafaiete Coutinho.

— Por que no Piauí e em Alagoas? — quis saber a ministra.

— Porque essas duas obras estão sendo construídas pela Ecobrás, uma empreiteira que ajuda o Renan. Ela já cedeu um jatinho para ele usar na campanha.[185]

Zélia mandou liberar as verbas públicas para oxigenar a campanha de Renan, que, no entanto, insistiu com Lafaiete Coutinho para arranjar um encontro com PC. Queria mais dinheiro. Almoçaram juntos, sob as vistas de Coutinho. Só na hora do café, a conversa chegou ao ponto:

— PC, preciso que você me ajude na campanha.

— Renan, eu só dou ajuda se o Fernando mandar.

— Está certo: amanhã eu tenho uma audiência com o presidente e vou pedir para ele te autorizar — disse Renan.

— Tudo bem, mas eu vou ser franco com você, Renan — declarou PC —, a Andrade Gutierrez me ligou e perguntou se deveria dar US$ 3 milhões para a sua campanha. E eu respondi que eles deveriam dar o dinheiro.

Aparentando constrangimento, o candidato permaneceu calado. No carro, Coutinho comentou:

— Pô, Renan, que merda aquela história da Andrade: você vai pedir ajuda e ele diz que você recebeu US$ 3 milhões.

— Aquilo foi exagero do PC: a Andrade só deu US$ 1 milhão — disse Renan.[186]

A caixa de campanha de Collor, organizada e monitorada por Paulo César Farias, não foi desmobilizada após a eleição. Os planos políticos do presidente eleito eram mais ambiciosos e ramificavam-se por todos os estados da federação. Mesmo aves menores caíam nas teias do poder tecidas com o dinheiro que PC Farias angariava. É o caso de Sebastião Curió, ex-oficial do Exército que teve papel eficiente nas forças militares de repressão política. Ele pediu ajuda para fazer campanha para a Câmara de Deputados, em 1989. Os votos dos garimpeiros de Serra Pelada, onde Curió exercia liderança, não foram suficientes para a eleição, mas ele contou na CPI que recebeu ajuda de PC Farias de, aproximadamente, Cr$ 10 milhões.[187]

Terminado o episódio com o *impeachment* de Collor, abriu-se um ciclo de moralidade calculada no Congresso. Foram flagrados os políticos que faziam negócios com os recursos do Orçamento da União, sob a vista grossa de todos os governos. A também famosa "CPI do Orçamento" — ou "dos anões do Orçamento", em referência ao número dos que foram acusados — mostrou como era o esquema de negociação de obra com o dinheiro público.

Surgiram muitas informações que enriquecem as peripécias do coletor de dinheiro PC Farias. Uma delas fala dos valores que Lafaiete Coutinho — um parceiro de PC na coleta de recursos para Collor — enfiou na campanha malsucedida de Fernando Henrique Cardoso, em 1984, à prefeitura de São Paulo. Coutinho era então diretor do

Banco Econômico e vice-presidente da Federação dos Bancos (Febraban).

No segundo semestre daquele ano, Ângelo Calmon de Sá, o dono do Banco Econômico, disse ao diretor que providenciasse algumas dezenas de milhares de dólares, explicando que iria doá-los à campanha de Fernando Henrique à prefeitura paulistana. Coutinho sacou o dinheiro do Econômico e o entregou ao chefe, o qual lhe afirmou que ele mesmo faria a doação pessoalmente.[188]

Em abril de 1989, talvez só PC Farias acreditasse na vitória de Collor. Sem um esquema empresarial de apoio, o dinheiro era curto para produzir bons programas de televisão, para transporte rápido em jatinhos ou para montar uma estrutura profissional que organizasse a campanha de rua. Durante uma conversa com o irmão Luís Romero, PC disse que ia arriscar o que tinha em caixa. Não era pouco. Para mover uma campanha presidencial, no entanto, estava longe de ser o suficiente.

— O Fernando vai ser presidente, já estou providenciando.
— Mas e o dinheiro?
— Vou botar tudo o que tenho nisso. Só não vou colocar em risco as empresas. Tenho dois milhões de dólares numa conta no BNP do Panamá e vou botar tudinho na campanha.[189]

PC Farias cruzou as fronteiras do seu pequeno mundo alagoano. A travessia foi recontada. Eis um dos seus momentos decisivos.

A campanha presidencial o lançou a novos mundos. O mundo dos potentados das finanças e da indústria do Rio e de São Paulo. O submundo do dinheiro de campanhas, da sonegação fiscal e da evasão de dinheiro. O mundo secreto da corrupção empresarial, estatal e política. O mundo da grande imprensa.[190]

A idéia era a de formar uma espécie de clube de doadores com três categorias de sócios. Nada de novo no *front* das campanhas eleitorais, considerando que um esquema parecido foi montado para Tancredo Neves. PC reeditaria, a seu modo, cinco anos depois, o "Clube do Bilhão", que financiou a eleição de Tancredo. Ele criou três categorias distintas de sócios, diferenciados por cotas individuais: cinco empresários de US$ 5 milhões; 10 de US$ 3 milhões; e 20 de US$ 1 milhão. A soma significaria a arrecadação de US$ 75 milhões.

A CPI apontou mais de 20 crimes praticados pelo "esquema PC". Do ponto de vista da impunidade que rege as regalias das elites brasileiras, o final dessa história, como se sabe, é uma mentira. No rastro deixado pelo dinheiro sujo nos meios políticos, jornalísticos e empresariais, fartaram-se os que viam a origem de todos os males na legislação.

Essas proibições têm gerado muitas críticas, por serem consideradas irreais e fantasiosas, constituindo, segundo alguns, um convite à ilegalidade. Esse ponto tem centralizado as discussões sobre as falhas da legislação, produzindo mesmo a impressão de que a legalização das doações de empresas privadas seria a medida fundamental para a moralização e transparência das campanhas políticas.[191]

Temia-se, àquela altura, que ao legalizar as contribuições, sem normas duras de disciplina, pudesse prevalecer o poder do dinheiro, o que comprometeria a normalidade e a legitimidade das eleições.

Não apenas por ferir o princípio da igualdade, já que, evidentemente, os candidatos mais fortes economicamente seriam privilegiados, mas, talvez principalmente, que se elejam bancadas representativas de interesses econômicos particulares, o que atingiria frontalmente o princípio da liberdade.[192]

Dito e acontecido, embora, ressalve-se, o Congresso ainda não tenha se transformado apenas no palco de transações políticas dos grandes empresários. Mas há o risco.

A CPI prenunciava também novos dias. Estimulados pela popularidade inesperada, os parlamentares sabiam o que falar para um público que gosta muito de ouvir lições de moralidade, embora não seja tão rigoroso na prática dela. Ao fim, o deputado Benito Gama, presidente da CPI, registrou tonitruante:[193] "O Brasil não será o mesmo." O deputado Amir Lando, autor do relatório da mesma comissão, apregoou: "Pressinto um novo arrebol de decência no destino da Pátria."

Maus poetas. Piores profetas.

Máquina pública:
tudo dominado

Em 2002, a Agência de Consultoria de Risco Kroll, em parceria com a Transparência Brasil, testou em pesquisa os humores da iniciativa privada em relação à corrupção na administração pública.[194] Quando a questão foi conjugada com o processo eleitoral, constatou-se que 70% das empresas já tinham se sentido compelidas a contribuir para campanhas eleitorais. Nesse universo, 58% disseram "ter havido menção a vantagens a serem auferidas em troca de financiamento".

Em 2003, a Kroll e a Transparência Brasil repetiram a dose,[195] permitindo um quadro comparativo.

Sua empresa já se sentiu compelida a contribuir com campanhas eleitorais? (2003)		2002
Não	74%	58%
Sim	26%	25%
NR	—	17%

Um flagrante expressivo está no item que identifica a contribuição para campanhas eleitorais por ramo de atuação das empresas. O setor financeiro — o mais lucrativo no modelo de política econômica que vigorava em 2002 — é o que mais contribuiu para as campanhas, em pé de igualdade com a indústria, vítima da mesma política econômica.

Esse é o retrato de um dos costumes encravados na relação entre empresários e políticos. Não é ideológica nem é em favor de uma causa. Ela atende a interesses. O resultado da pesquisa aponta direto para o hábito que, nos meios políticos, é chamado de "franciscanismo":[196] o toma lá, dá cá.

Em diversos graus e nos mais variados níveis hierárquicos das administrações municipal, estadual e federal, há a apropriação da máquina do Estado para fins políticos e privados. Além das vantagens financeiras obtidas por corruptos e corruptores, a interferência na burocracia estatal produz danos variados. O mais grave deles é que, como erva daninha, emperra a máquina administrativa, destruindo a auto-estima do corpo técnico que alcançou o cargo por mérito. Praticamente todas as funções de chefia são "loteadas" entre os parlamentares.

Em 1998, o superintendente do INSS no Rio de Janeiro, Jackson Vasconcelos, sufocado pelas pressões políticas, disparou um fax para Brasília, apelando para a mediação do então presidente do INSS, Crésio Rolim. No sentido de conter "os avanços" de um parlamentar "sobre a estrutura administrativa do INSS" que, segundo Vasconcelos, causava "imensurável estrago à instituição".

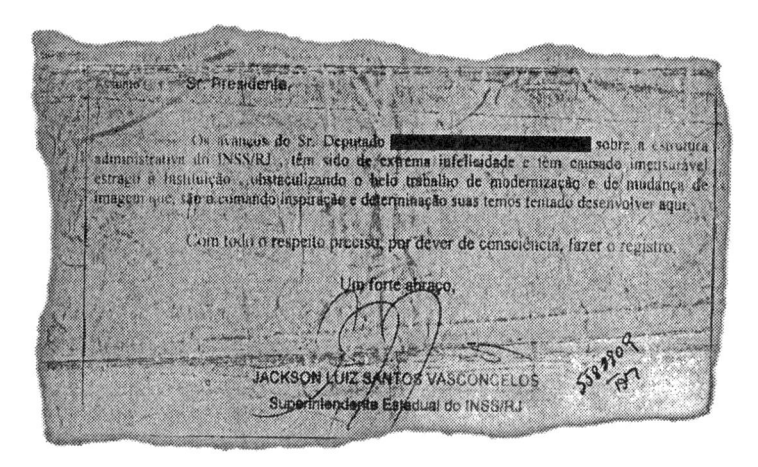

> Sr. Presidente,
>
> Os avanços do Sr. Deputado ▓▓▓▓▓▓▓▓▓ sobre a estrutura administrativa do INSS/RJ, têm sido de extrema infelicidade e têm causado imensurável estrago à Instituição, obstaculizando o belo trabalho de modernização e de mudança de imagem que, sob o comando, inspiração e determinação suas temos tentado desenvolver aqui.
>
> Com todo o respeito preciso, por dever de consciência, fazer o registro.
>
> Um forte abraço,
>
> JACKSON LUIZ SANTOS VASCONCELOS
> Superintendente Estadual do INSS/RJ

O parlamentar citado não era o único. Talvez fosse somente o mais guloso naquele momento. As diversas diretorias da Seguridade Social eram — e ainda são em todos os estados — divididas entre os caciques locais dos partidos que compõem a base política do governo no Congresso. O cargo administrativo tornou-se uma operosa moeda de troca, com resultados desastrosos para o serviço público. E, assim, danam-se os que precisam. Normalmente a população mais pobre.

Em qualquer nível, as negociações para a indicação de nomes escolhidos para funções consideradas "de confiança" na administração pública é feito levando em consideração o potencial do cargo para alavancar financiamentos. Os mais cobiçados são aqueles com orçamentos maiores.

A execução orçamentária é decisão soberana do Poder

A execução orçamentária é decisão soberana do Poder Executivo. O Legislativo monta o Orçamento, e o Executivo determina o que, efetivamente, será realizado. Isso, no Governo Federal, torna os cargos de segundo e terceiro escalões mais cobiçados do que até mesmo os ministérios.

A prática confirma a teoria. Uma bancada, ou um deputado, indica o nome para a presidência de organismo público que dispõe de um orçamento vigoroso para obras, compras de equipamentos tecnológicos, carros, contratação de empresas de conservação, limpeza ou segurança privada, entre outras coisas. Em seqüência, são feitas as outras nomeações, formando a "cadeia da felicidade" eleitoral.

Esse sistema de indicações é informalmente institucionalizado. As nomeações de todos os cargos no governo federal, desde a administração de Collor, fazem parte de um ritual organizado na ante-sala dos presidentes. A lógica se repete em cada governo estadual e em cada um dos municípios. Pouco antes de deixar a presidência da BR Distribuidora — subsidiária da Petrobras que faturou, em 2002, cerca de R$ 27 bilhões —, o engenheiro Julio Bueno escalavrou essa ferida da administração pública e, pela primeira vez, apontou um dos pontos de formação do caixa dois de campanha, durante a ditadura militar.

> Esta empresa gasta todos os anos R$ 1,5 bilhão. Desde que o presidente da República era o Ernesto Geisel este dinheiro, livre de licitação, é usado para bancar campanhas políticas, fazendo com que a BR tenha perdas.[197]

Bueno afirma que mudou as regras. Enfrentou pressões políticas com argumentos técnicos. É o que contou.

> Eu recebo dezenas de políticos o ano todo tentando me convencer a mudar os critérios de compra de álcool e contratação de frete. A gente muito educadamente aprendeu a dizer não apresentando critérios técnicos. Imagina se botam um político de um partido na presidência da Petrobras, um amigo deste político na diretoria de exploração e outro na diretoria de transporte? Não pode. Isso mina a confiança do mercado na empresa. É inadmissível que a empresa vire novamente moeda de troca política.[198]

Ao assumir o governo, o presidente da República dispõe de aproximadamente 20 mil cargos, preenchidos, em regra, por indicação ou interesses políticos. Mesmo após as privatizações, sobraram 289 funções estratégicas do segundo escalão de órgãos federais, como as delegacias do Trabalho, os Correios, as superintendências do INSS, do Incra, do Ibama, entre outros.[199] É com eles, ou através deles, que são montadas as caixinhas de campanha. O domínio político nos órgãos públicos — diante da inexistência de uma burocracia estável e qualificada — funciona também como uma espetacular máquina de pressão sobre o voto do eleitor desempregado. Essa é uma das causas dos atritos capazes de desfazer alianças e de influir decisivamente nas votações do Senado ou da Câmara.

José Genoino, presidente nacional do PT, mexeu também na ferida.

A inexistência de um sistema partidário estruturado cria problemas tanto na governabilidade quanto na representação. A prevalência de interesses individuais sobre as coletividades partidárias obriga o governo a cooptar suas bases parlamentares a partir da distribuição de cargos e favores.[200]

Um documento interno — que circulou no ano 2000 na Petrobras — mostra a ponta do *iceberg* que, entre outros desastres, provocou o naufrágio do programa do Álcool. Queixa-se a BR Distribuidora.

> (...) a BR foi "forçada", mais uma vez, a tomar recursos nos mercados interno e externo na ordem de R$ 394.351.000,00, conforme consta no seu Balanço Patrimonial, desta vez para atender os interesses de USINAS e, como isso, viabilizar as operações que vieram a ser conhecidas como "SECURITIZAÇÃO DO ÁLCOOL".

Fica revelada a interferência, escamoteada num procedimento técnico, comumente utilizada para viabilizar apoio financeiro de campanhas eleitorais. Como nesse caso, os políticos indicaram os diretores que operavam a negociação:[201]

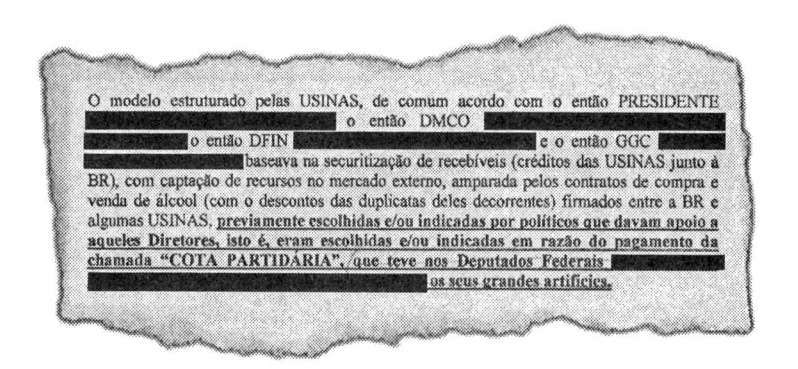

> O modelo estruturado pelas USINAS, de comum acordo com o então PRESIDENTE ███████████ o então DMCO ███████████ o então DFIN ███████████ e o então GGC ███████████ baseava na securitização de recebíveis (créditos das USINAS junto à BR), com captação de recursos no mercado externo, amparada pelos contratos de compra e venda de álcool (com o descontos das duplicatas deles decorrentes) firmados entre a BR e algumas USINAS, previamente escolhidas e/ou indicadas por políticos que davam apoio a aqueles Diretores, isto é, eram escolhidas e/ou indicadas em razão do pagamento da chamada "COTA PARTIDÁRIA", que teve nos Deputados Federais ███████████ os seus grandes artífices.

As empresas consultadas pela pesquisa da Transparência Brasil responderam que os principais "favores ilícitos" oferecidos pelos agentes públicos são o "relaxamento de inspeção" (72%), "deixar de ameaçar" (49%), "não ver fraudes" (46%) e "não ver valores não declarados" (44%). A freqüência das ações ilícitas varia conforme o ramo do negócio. O item "deixar de ameaçar" é predominante na indústria, enquanto o "não ver fraudes" é tipicamente do setor financeiro. Conforme a avaliação registrada no texto da pesquisa, "aproximadamente um terço das empresas consultadas afirma que a prática de corrupção é aceita por empresas dos seus setores. Essa média não é uniforme entre os setores pesquisados. As empresas de serviços elevam a média, enquanto as indústrias puxam essa média para baixo".

As licitações públicas são, como se sabe, uma das maiores fontes de corrupção. É delas, também, que se nutre em grande parte o caixa dois das campanhas eleitorais. Previamente infladas, com aprovação do empresário, oneram pesadamente o custo da obra e, por conseqüência, os co-

ponderam à pesquisa participem ou já participaram de licitações, quase a metade delas já foi solicitada a pagar propina. Os mesmos percentuais, só que no universo das 176 empresas pesquisadas, são registrados sobre a corrupção na coleta de impostos ou taxas.

Há sugestões de soluções como a reforma tributária ou como a mudança na lei de licitações. A grande maioria dos empresários ouvidos pela pesquisa da Kroll/Transparência Brasil pede, no entanto, maior fiscalização e mais punição para os administradores corruptos (86%), seguidos por uma outra maioria (62%) que advoga punição para os corruptores.

Dos réis aos reais
(É possível controlar o mercado do voto?)

Em 1881, o jornal *Monitor Campista* (Campos-RJ) trouxe em uma de suas edições um comunicado sobre alistamento de eleitores, reproduzindo decisões do "Sr. Dr. Juiz Municipal" nas quais se exigia de um grupo de pessoas documentos comprobatórios para a qualificação eleitoral. De um certo Manoel Felippe Nery do Valle, por exemplo, pediam-se provas da "renda para eleitor".[202]

Vigorava, então, o voto censitário que durante o Império formava um eleitorado seletivo destinado quase que somente a coadjuvar os desejos políticos do imperador. Mesmo assim, para votar, era preciso provar uma renda anual de muitos mil-réis. O tempo voou. A poupança exigida do eleitor passou, por regras não escritas do mercado, a ser exigida do eleito. O que era mil-réis virou milhões de reais. E onde não havia igualdade para eleger passou a haver também desigualdade para ser eleito.

É uma situação antiga e sempre presente nas eleições. Antigüidade, nesse caso, não expressa normalidade. Significa, tão-somente, a continuidade de uma situação não resolvida que gerou, em conseqüência, uma escalada dramática dos problemas.

Era o dinheiro que embalava o gingado dos capoeiras a serviço dos coronéis e, também, sustentava o cassetete da polícia a serviço das oligarquias políticas. Era o dinheiro o nome verdadeiro do "voto de cabresto"; do "curral eleitoral"; do "fósforo" e do "bico-de-pena", entre outros disfarces. Alguns dos quais em uso ainda hoje

O ministro Nelson Jobim, que presidia o Tribunal Superior Eleitoral em 2002, ao fim das eleições daquele ano saiu pregando que "se nada for feito, a política vai se transformar numa atividade cativa de ricos, bispos, profissionais de mídia e representantes das corporações.[203]" Em 2004, depois de três meses ininterruptos interrogando juristas, cientistas políticos, sociólogos, historiadores, o deputado Ronaldo Caiado (PFL-GO) também parecia aterrorizado. Relator de um novo projeto de legislação eleitoral e partidária, Caiado concluiu que o processo eleitoral é "cada vez mais a compra do mandato.[204]" O presidente da mesma Comissão, deputado Alexandre Cardoso (PSB-RJ), se confessou "assustado com a situação" que ele define como sendo "a substituição do processo político pela atividade econômico-financeira".[205]

Os próprios políticos, no entanto, não param de cavar e aprofundar o buraco no qual vão sendo tragados. A mais recente inovação deles é a criação de Centros Sociais.

Além de serem eficientes máquinas de arrecadação de dinheiro para campanhas eleitorais, esses centros — sempre azeitados por convênios com a administração pública — viciam as relações entre eleitos e eleitores e desmontam, simultaneamente, a credibilidade do Legislativo e do Executivo. Consta que 53 dos 70 deputados da Assembléia Legislativa do Rio de Janeiro montaram Centros Sociais.

A perplexidade que toma conta de Caiado e de Cardoso vem do quadro a seguir, em que a Comissão de Reforma Política listou algumas razões que transformaram o atual sistema de financiamento brasileiro numa aposta alta do dinheiro marginal

Atual Sistema de Financiamento:	Proposta:
— Valor do financiamento de campanha ± R$ 10 bilhões. — Fontes: • Lícita • Desvio de verbas do Orçamento • Dinheiro do narcotráfico • Dinheiro do tráfico de armas • Dinheiro do roubo de cargas • Dinheiro do jogo do bicho — Controle de prestação de contas: impossíveis de serem auditadas (milhares de contas em cada estado) — Punições: dificilmente aplicadas	— Financiamento público **exclusivo** de campanha — Valor do financiamento ± R$ 812 milhões — Fonte: Orçamento da União — Controle de prestação de contas: possíveis de serem controladas e auditadas (máximo 27 contas em cada estado). — Punições: possíveis de serem aplicadas

A Comissão envolveu o próprio parlamento ao listar o "desvio de verbas do Orçamento" como fonte ilícita da doação de recursos. É possível especular sobre a verdadeira dimensão do dinheiro do crime que irriga as campanhas eleitorais: narcotráfico, tráfico de armas, roubo de cargas e jogo do bicho. Isso facilita, aos olhos desconfiados da população, digerir a proposta de financiamento público de campanha. No Brasil — país de grande injustiça social, promovendo eleições bilionárias — os políticos estão sempre expostos à rejeição impensada da sociedade. Será difícil, para eles, buscar apoio da opinião pública para pressionar pela liberação de verbas para campanhas eleitorais.

A quantia projetada para esse fim é encontrada a partir da multiplicação do número de eleitores pelo custo médio do voto, calculado em R$ 7.[206] Esse valor, no entanto, está abaixo do que se pratica no mercado do voto no Brasil. Um estudo oficial sobre o custo do voto, a partir dos números da eleição de 2002, mostra isso admitindo somente o total de despesas por cargo, conforme a prestação de contas feitas ao Tribunal Superior Eleitoral, não incluindo o dinheiro do caixa dois.[207]

Os recursos exigidos pelo modelo da propaganda eleitoral no Brasil tornam-se, por si só, um bloqueio à proposta feita a partir apenas dos valores revelados do caixa um. O dinheiro, previsto no projeto, insuficiente para cobrir as despesas de campanha, estimularia a permanência do di-

Cargo	Total de despesas (R$)	Total de eleitores	Custo por eleitor (R$)
Presidente	94.135.754,33		
Governador	195.367.790,29		
Senador	73.660.911,78		
Dep. Federal	189.690.089,25		
Dep. Estadual	208.130.090,93		
Dep. Distrital[208]	5.694.386,54		
Comitê Único	63.800.090,12		
Total	830.479.113,24	115.254.113	7,21

Obs.: Se for considerado o custo do voto pelo número de eleitores que compareceram ao primeiro turno (94.805.835), o valor sobe para R$ 8,76; para o segundo turno (91.664.259), o valor chega a R$ 9,06.

Fonte: Relatório das Eleições de 2002. Tribunal Superior Eleitoral.

nheiro clandestino. A experiência já foi testada e reprovada na Itália, onde há um sistema similar ao brasileiro. Adotado pelos italianos, nos anos 1970, foi abandonado em 1993 "em função de um violento aumento na corrupção".[209]

O acesso legalizado aos recursos públicos passou a ser apressadamente uma espécie de fonte das virtudes, capaz de regenerar o processo eleitoral brasileiro. Mas ele tem vícios insanáveis de origem. Um deles é o de tornar o financiamento público a forma exclusiva de recursos para os candidatos. Isso não impede a circulação do dinheiro dos criminosos e, por outro lado, criminaliza o dinheiro privado regular que, marginalizado, forçará ainda mais que interesses legítimos dos grupos sociais transitem inteiramente pelos canais informais.

O projeto pode criar uma armadilha capaz de desmontar de vez o Legislativo. Ao apontar o Orçamento como fonte de recursos para o financiamento público, deixa os políticos à mercê dos interesses do Executivo. Em tempos de crise, ou mesmo do crônico aperto fiscal, esse naco do Orçamento, previsto para financiar as eleições, ficará mais apetitoso aos olhos de qualquer governante, que terá, na liberação dos recursos, um instrumento a mais de pressão e de corrupção do Legislativo.

Um erro mais grave, no entanto, está na dimensão dada pela Comissão de Reforma Política à influência do dinheiro do crime. É pura fumaça nos olhos. Não deixa ver que o maior problema do dinheiro não é somente o da origem legal (interesses privados) ou ilegal (grupos criminosos) dele, é, sim, o fato dele ter tornado a força econômica como regra principal da competição política.

É certo que, nas sociedades de massa e com as regras eleitorais hoje praticadas, não se faz eleição sem gastar dinheiro. Muito dinheiro. Mas o dinheiro, como se sabe, não é obediente a regras restritivas e, muito menos, aos bons sermões éticos.

A questão não é nova e sempre esteve presente na história eleitoral, abalando a fé dos apóstolos ortodoxos do sistema eleitoral. Não é uma situação exclusiva do Brasil. Mas no Brasil — que é onde nossos calos apertam — ela tem agravantes próprios dos problemas inseridos no contexto das distorções sociais. Assim, a relação entre dinheiro e voto ganha uma dimensão que vai muito além da farsa da contabilidade oficial e da questão ética.

Uma conjugação perversa de fatos trama contra o sentido democrático do sistema. Alguns deles: a administração pública usada, descaradamente, como fonte coletora de recursos; a carência material do eleitorado que, sem condições mínimas de liberdade de opção, é cativo do poder; a televisão, mal utilizada, encarecendo as campanhas e, com influência avassaladora, distorcendo a formação do consenso eleitoral; e o marqueteiro, que baniu o discurso ideológico do debate.

A competição eleitoral reduziu-se maquiavelicamente a uma disputa própria para raposas e leões.

Uma conversa respeitável e enriquecedora, destinada a encontrar meios para diminuir a força intensa da relação entre o dinheiro e o voto, tem de levar em conta a necessidade de eliminar o bolsão de milhões de eleitores pobres que não podem votar livremente. Isso significa alterar o conteúdo da excludente democracia brasileira. Ou seja, criar condições para que Jararaca possa eleger Nabuco.

Mas não será o bastante. O dinheiro — dos réis de Pedro I aos reais de FHC — tem sido, principalmente, o mais eficaz mecanismo de controle do voto num processo freqüente de renovação. Isso mostra o óbvio: para além do ideal retórico, a democracia é um fato político.

Imperturbável, o dinheiro cria consensos falsos, distorce a representação e subjuga o eleitor indefeso. E nada parece sugerir que o problema — esse verdadeiro problema — se resolva apenas com golpes de caneta do legislador.

O aperfeiçoamento de mecanismos de votação e da legislação (incluindo a legislação penal) tem sido incapaz de botar freios seguros na utilização do dinheiro que distorce a vontade do eleitor e, de forma direta ou indireta, provoca a mentira contada pelas urnas. Hoje, nesse mundo político-eleitoral deserto de ideologias — da esquerda à direita —, a presença do dinheiro tornou-se uma força aberta e avassaladora que abala o sistema de escolha dos governantes, principalmente em países do Terceiro Mundo — como o Brasil —, que, por força da injustiça social, são terrenos movediços para as democracias.

Notas

1. Norberto Bobbio e Maurizio Viroli. *Diálogo sobre a República*. Rio de Janeiro: Campus, 2002.
2. Machado de Assis. *A semana*, 17 de maio, 1896. *Obra completa*. Rio de Janeiro: Nova Aguilar, 1985.
3. Raymundo Faoro. *Os donos do poder — Formação do patronato político brasileiro*, vol. 1, 2ª ed., São Paulo: Editora Globo/Editora da Universidade de São Paulo, 1975, p. 371.
4. João Neves da Fontoura. Memórias. Volume 1. *Borges de Medeiros e seu tempo*. Citado em *Dicionário do voto*, p. 107. Walter Costa Porto. Editora UnB/Imprensa Oficial, 2000.
5. Nelson Nogueira Saldanha. *História das idéias políticas no Brasil*. Coleção Biblioteca Básica Brasileira. Senado Federal, 2001, p. 155.
6. Olavo Brasil Lima Junior. Em *Gilberto Amado. Eleição e representação*. Brasília: Senado Federal, 1999, p. XXI.
7. David Samuels. *Financiamento de campanha no Brasil e propostas de reformas*. Versão revisada em inglês (com acréscimo de dados e comentários sobre as eleições de 2002) do artigo "Financiamento de campanha e eleições no Brasil — O que podemos aprender com o 'caixa um' e propostas de reforma", publicado em *Reforma política e cidadania*, Maria Victoria Benevides, Paulo Vannuchi e Fabio Kerche (orgs.). São Paulo: Editora Fundação Perseu Abramo, 2003.

8. Wanderley Guilherme dos Santos. "As sombras do mal chegam aos poucos". *Valor Econômico*, 28/02/02.
9. José de Alencar. *Systema representativo*. Edição fac-similar. Brasília: Senado Federal, 1997.
10. IBGE, Censo de 2000.
11. IBGE, Censo de 2000. Os dois dados, para analfabetismo e cidadãos sem o primário completo, são calculados para a população de cinco anos de idade ou mais.
12. Dados do IBGE, Censo de 2000, analisados por Marcelo Neri (FGV). Naquele ano, 33% da população brasileira estavam abaixo da linha de pobreza, o que equivalia a ganhar menos de 79 reais por mês a valores de 2002.
13. João Camilo de Oliveira Torres. *O presidencialismo no Brasil*. Rio de Janeiro: O Cruzeiro, 1962, p. 106.
14. José Honório Rodrigues. *Conciliação e reforma no Brasil*. Rio de Janeiro: Nova Fronteira, 1982, 2ª ed., p. 158.
15. Afonso Arinos de Melo Franco. *Problemas políticos brasileiros*. Rio de Janeiro: José Olympio Editora, 1975, p. 53.
16. Gilberto Amado. *Eleição e representação*. Introdução de Olavo Brasil de Lima Junior. Senado Federal, 1999, p. XVI.
17. José Honório Rodrigues. Op. cit., p. 166.
18. Ministro Peçanha Martins. *Folha de S. Paulo*, p. A-4, 17/05/04.
19. Jairo Nicolau. *História do voto no Brasil*. Rio de Janeiro: Jorge Zahar Editor, 2002, p. 34.
20. José de Alencar. "Anais do Senado no Império do Brasil". Sessão de 26 de janeiro de 1845.
21. Vamireh Chacon. *Estado e Povo no Brasil — As Experiências do Estado Novo e da Democracia Populista (1937-1964)*. Rio de Janeiro: José Olympio / Câmara dos Deputados, 1977, p. 153.
22. Bobbio e Viroli. Op. cit., p. 98.
23. Cid Pacheco. Citado em Jorge Almeida. *Marketing político. Hegemonia e contra-hegemonia*. São Paulo: Fundação Perseu Abramo, 2002, p. 70.
24. Idem, p. 89.
25. *Folha de S. Paulo*, 09/10/02.
26. A pesquisa foi realizada entre os dias 14 e 17 de novembro. Na definição da Transparência Brasil, a compra de votos se limita

A mentira das urnas 165

à negociação individual do voto por dinheiro, bens materiais, favores administrativos ou outras vantagens oferecidas a eleitores individuais. A íntegra pode ser lida em www.transparenciabrasil.org.br

27. Dados do Tribunal Superior Eleitoral, no Relatório das Eleições de 2002 (p. 4) registram a existência de 18.880 candidatos nas eleições de 2002, para 1.654 cargos em disputa, assim distribuídos: a presidência da República; 27 governos estaduais; 54 senadores; 513 deputados federais e 1.059 deputados estaduais e distritais.
28. A primeira eleição realizada no Brasil, em 1822, escolheu os representantes brasileiros às Cortes Portuguesas.
29. Entrevista publicada em março de 1980 em *O Estado de S. Paulo*, citada em *Vende-se um candidato*, de Maria Regina Adoglio Netto.
30. Em 1988, com a inclusão do analfabeto no processo eleitoral, o Brasil chegou à universalização do voto.
31. Parágrafo 10: "O mandato eletivo poderá ser impugnado ante a Justiça Eleitoral no prazo de 15 dias contados da diplomação, instruída a ação com provas de abuso de poder econômico, corrupção ou fraude." O parágrafo 11 atenuava: "A ação de impugnação do mandato tramitará em segredo de justiça...".
32. Walter Costa Porto. Op. cit.
33. Referência ao apelido de Paulo César Farias, o PC Farias, principal coletor de fundos partidários para Collor.
34. João Batista Petersen Mendes (org.). *A CPI do PC e os crimes do poder* — Texto integral do relatório final. Foglio Editora, 1992, p. 185.
35. A urna eletrônica foi empregada pela primeira vez na eleição de 1996. E ainda sofre contestação de técnicos sobre a capacidade de manter a integridade da votação. Ver www.votoseguro.org
36. Reportagem publicada no jornal *USA Today*, de 13/07/04, informava que o principal problema da urna eletrônica, para os especialistas americanos, era o da falta do voto impresso que, assim, inviabilizava a recontagem dos votos. Os fornecedores também

resistiam em abrir algumas informações sobre o *software*. O voto impresso aponta, no entanto, para um problema: a troca de papel da impressora, durante a votação, não violaria o sigilo do voto?
37. Conforme relatório da Unicamp feito a pedido do Tribunal Superior Eleitoral. O relatório concluiu que o voto eletrônico é "robusto, seguro, confiável".
38. www.votoseguro.org
39. Entrevista ao autor, junho de 2003.
40. Wanderley Guilherme dos Santos. Op. cit., p. 121.
41. *Folha de S. Paulo*, p. A-4, 02/05/04.
42. Carlos Moura, representante da CNBB, secretário executivo da Comissão Justiça e Paz. Entrevista a Israel Tabak. *Jornal do Brasil*, p. A-2, 16/05/04.
43. Expressão usada pelo sociólogo e ex-presidente da República, Fernando Henrique Cardoso, recolhida em "Dos governos militares a Prudente-Campos Sales": In: *O Brasil Republicano*. Rio de Janeiro: Difel, 1975, Tomo III, 1º vol., p. 49.
44. Raymundo Faoro. Op. cit., vol. 2, p. 371.
45. Advogados: Prudente de Moraes; Campos Salles; Rodrigues Alves (duas vezes); Afonso Pena; Nilo Peçanha; Wenceslau Brás; Epitácio Pessoa; Artur Bernardes; Washington Luís; Getúlio Vargas e Jânio Quadros; militares: Hermes da Fonseca e Eurico Gaspar Dutra; médico: Juscelino Kubitschek; economista: Fernando Collor de Mello; sociólogo: Fernando Henrique Cardoso (duas vezes).
46. Denise Paraná. *Lula — O filho do Brasil*. São Paulo: Editora Fundação Perseu Abramo, 2002, p. 56.
47. O equivalente a US$ 23.204.215,19, considerando a cotação oficial a R$ 3,65 no dia 4 de outubro de 2002, último dia útil que precedeu a votação.
48. Os números, no caso de Lula e de Zé Maria, somam as contribuições feitas em nome dos comitês financeiros únicos e em nome dos candidatos. Serra, Garotinho e Ciro tiveram doações restritas aos comitês financeiros. Rui Costa Pimenta, do Partido da Causa Operária (PCO), não fez prestação de contas à Justiça Eleitoral.

49. Incluídos R$ 42.000,00 da coligação com o Partido da Mobilização Nacional (PMN) e mais R$ 17.200,00 do Partido Comunista Brasileiro (PCB).
50. O PTB, aliado a Ciro, arrecadou R$ 2.374.057,40. Não incluiu nas despesas doação específica para o Comitê Financeiro do Presidente.
51. Todas as doações foram feitas por pessoas físicas, exceto um cheque de R$ 1.200,00 em nome do Comitê Financeiro de Minas Gerais.
52. Resultado do primeiro turno: Lula: 39.454.692 (46,44%); José Serra: 19.705.061 (23,20%); Garotinho: 15.179.879 (17,87%); Ciro Gomes: 10.170.666 (11,97%); Zé Maria: 402.232 (0,47%); Rui Pimenta: 38.619 (0,05%). Fonte: TSE.
53. A referência à esquerda leva em conta as decisões tomadas oficialmente pelos partidos coligados a Lula e não considera eventuais dissidências individuais, como ocorreu, por exemplo, com um grupo de parlamentares e de militantes do PT que se desligou do partido, em reação à política adotada pela direção.
54. Segundo o relatório do TSE sobre as eleições de 2002, somando-se as doações oficiais para presidente, governador, senador, deputado federal, deputado estadual e deputado distrital, foi alcançada a quantia de R$ 830.479.11,24. Acrescenta-se aí R$ 170.000.000,00, que é o cálculo projetado para a renúncia fiscal em favor das emissoras de televisão e rádio, em compensação pelo horário eleitoral gratuito. A informação foi passada ao autor pela Secretaria da Receita Federal, em maio de 2004.
55. A relação completa das contribuições oficiais, com o cruzamento dos doadores, partidos e candidatos, pode ser encontrada no sítio http://www.asclaras.org.br/index.html
56. Tendo como referência somente os partidos com representação na 52ª Legislatura do Congresso Nacional (fevereiro de 2003 — fevereiro de 2007), são considerados como sendo de esquerda o PT, PC do B, PSB, PPS, PV e PDT.
57. A papelada da prestação de contas da eleição de 1989 está no Tribunal de Contas da União. As regras ainda eram frouxas e não havia um modelo definido para a apresentação das contas de receitas e de despesas.

58. O equivalente a US$ 15.287.679,29, com o dólar cotado a NCz$ 4,08 no dia da eleição (06/10/1988).
59. Mário Sergio Conti. *Notícias do Planalto*. São Paulo: Companhia das Letras, 1999, p. 126.
60. Expedito Filho. *Nos bastidores da campanha — Uma crônica da vitória*. Rio de Janeiro: Objetiva, 1994, p. 89. Luiz Carlos Bresser Pereira, economista, ex-ministro da Fazenda do governo José Sarney.
61. O equivalente a US$ 5.125.348,24 com o dólar cotado a NCz$ 4,08 no dia da eleição (06/10/1988).
62. Em nota anexa à Demonstração de Recursos, o PT informou ao TSE que a prestação de contas de R$ 500 mil em bônus, requisitados pelo Partido Socialista Brasileiro (PSB) e usados para a "cobertura de gastos" do candidato a vice-presidente José Paulo Bisol, seria feita diretamente pelo PSB.
63. *Jornal do Brasil*, p. 4, 13/04/1994.
64. Idem.
65. A Triken S/A opera hoje com o nome de Brasken, sob o controle e gestão da própria Odebrecht.
66. "O diferente". *Jornal do Brasil*, p. 11, 1ª edição, 18/01/1997.
67. O chamado Horário Eleitoral Gratuito é, de fato, financiado com recursos públicos. As emissoras de rádio e televisão são recompensadas com a dedução de impostos. O cálculo é feito a partir da relação custo/segundo, de acordo com a tabela de preços dos veículos de comunicação na data dos programas.
68. Modesto Carvalhosa (org.). *O livro negro da corrupção*. São Paulo: Paz e Terra, 1995, p. 293.
69. Idem, p. 294.
70. João Batista Petersen (org.) Op. cit., p. 183.
71. Edward Anthony Riedinger. *Como se faz um presidente — A campanha de JK*. Rio de Janeiro: Nova Fronteira, 1988, p. 43.
72. As informações sobre a campanha de 1989 estão dispersas em papéis e incompletas.
73. A legislação brasileira já permitia às pessoas físicas fazer doações até o limite de 10% da renda anual do doador.

A mentira das urnas 169

74. A contribuição de pessoas jurídicas permite o uso de até 2% do lucro bruto anual.
75. *Folha de S. Paulo*, p. E-6, 28/10/2002.
76. *Folha de S. Paulo*, p. A-6, 23/12/2003.
77. Fontes de financiamento e modelos de regulação para partidos e eleições. Íntegra pode ser lida em http://www.asclaras.org.br/textos.html
78. David Samuels em Maria Victoria Benevides, Paulo Vannuchi e Fabio Kerche (orgs.). Op. cit., pp. 364 e seguintes.
79. Uma parte da esquerda do PT — identificada como radical — reagiu às mudanças e abriu uma cisão que teve também motivações políticas.
80. Samuels. Op. cit.
81. *Folha de S. Paulo*, 09/10/2002.
82. Paulo Brossard, ministro do Supremo Tribunal Federal (1989-1994). Presidiu o Tribunal Superior Eleitoral (1992-1993).
83. O produtor Eduardo Faustini identificou-se como secretário interino da prefeitura de São Gonçalo, cidade da região metropolitana do Rio de Janeiro.
84. Publicado em *O Globo*, p. 3, 22/04/2002.
85. *O Globo*, p. 11, 15/11/2002.
86. A eleição foi contestada pelo candidato derrotado, Geraldo Magela, do PT. Em março de 2004, ainda dependia de decisão judicial.
87. *O Globo*, 2ª edição, 28/09/2002.
88. Olavo Brasil de Lima Junior (org.). *O balanço do poder — Formas de dominação e representação*. Rio de Janeiro: Iuperj/Rio Fundo Editora, 1990, p. 10.
89. R. Magalhães Júnior. *Três panfletários do Segundo Reinado*. São Paulo: Companhia Editora Nacional, 1956, Brasiliana, volume 286, p. 24.
90. Bobbio e Viroli. Op. cit., p. 100.
91. Laurence Rees. *Vende-se política*. Rio de Janeiro: Revan, 1995, p. 62.
92. Laurence Rees. Op. cit., p. 34.
93. *Folha de S. Paulo*, 15/09/2002. Suplemento Eleições/2002. Reportagem de Andréa Michale, Gabriela Athias, Wladimir Gramacho, Lucio Vaz, Murilo Fiúza de Melo e Liege Albuquerque.

94. A previsão da Receita Federal para a remuneração das emissoras de rádio e televisão, pela cessão do Horário Eleitoral Gratuito nas eleições de 2002, era de R$ 170 milhões.
95. David Samuels. Op. cit.
96. David Samuels. Op. cit.
97. Cesar Maia. *Política é ciência*. Da coleção "Quem é", Revan, 1998, p. 81.
98. Idem, p. 82.
99. Idem.
100. *Folha de S. Paulo*, 08/05/1995.
101. Op. cit., p. 100.
102. Citado por Manoel Rodrigues Ferreira em *A evolução do sistema eleitoral brasileiro*. Coleção Biblioteca Básica Brasileira. Brasília: Senado Federal, 2001, p. 218.
103. José Murilo de Carvalho. *O balanço do poder*. Rio de Janeiro: Iuperj/ Rio Fundo Editora, 1990, p. 17.
104. Hermes Lima. *Nota à vida brasileira*. Citado em Raymundo Faoro, Op. cit., p. 323.
105. Citado em Rosinethe Monteiro e A. I. Baaklini. *O Poder Legislativo no Brasil*. Câmara dos Deputados. Centro de Documentação e Informação, 1975.
106. Beatriz Westin Cerqueira Leite. *Senado nos anos finais do Império* (1870-1889), p. 44.
107. Orlando M. Carvalho. *Ensaios de sociologia eleitoral*. Edições da *Revista Brasileira de Estudos Políticos*/UFMG, 1958.
108. Walter Costa Porto. Op. cit., p. 97.
109. Laurence Rees. Op. cit., p. 75.
110. Idem, p. 75.
111. Gilberto Freyre. *Quase política*. Rio de Janeiro: Livraria José Olympio Editora, 2ª edição, revista e aumentada, 1966, p. 204.
112. Marcos Vinicios Vilaça e Roberto Cavalcanti de Albuquerque. *Coronel, coronéis*. Niterói: Tempo Brasileiro/Universidade Federal Fluminense/Eduff, 3ª edição, revista e ampliada, 1988, p. 40.
113. Raymundo Faoro. *Machado de Assis — A pirâmide e o trapézio*. São Paulo: Globo, 1988, p. 146.

114. Victor Nunes Leal. *Coronelismo, enxada e voto*. Editora Alfa-Omega, 1975, pp. 240-41.
115. Idem, p. 241.
116. Cédula marcada com um segundo nome, que servia de sinal, segundo Nabuco.
117. Joaquim Nabuco. *Minha formação*. Rio de Janeiro: Topbooks, 1999, pp. 187-88.
118. Afrânio Peixoto e Constâncio Alves (orgs.). *Antologia brasileira — José Bonifácio (O Velho e o Moço)*. Rio de Janeiro: Livraria Francisco Alves, 1920, p. 262.
119. Op. cit., p. 131.
120. Joaquim Nabuco. *O Abolicionismo*. Rio de Janeiro: Vozes/MEC, 1977, p. 171.
121. Francisco Belisário Soares de Souza. *O sistema eleitoral no Império*. Brasília: Senado Federal, 1979, p. 9.
122. Florestan Fernandes. *A revolução burguesa no Brasil — Ensaio de interpretação sociológica*. Rio de Janeiro: Zahar Editores, 1975, pp. 201-2.
123. Victor Nunes Leal. Op. cit., p. 242.
124. Lima Barreto. *Recordações do Escrivão Isaías Caminha*. Três romances. Rio de Janeiro: Itatiaia, 1990, p. 23.
125. Prédio onde funcionou a Câmara dos Deputados e que, hoje, abriga a Assembléia Legislativa do Estado do Rio de Janeiro.
126. José Vieira. *A Cadeia Velha — Memória da Câmara dos Deputados*. Senado Federal/Fundação da Casa de Rui Barbosa/MEC, 1980, p. 70.
127. Relatório das eleições 2002, p. 2. Tribunal Superior Eleitoral.
128. Vieira. Op. cit., p. 43.
129. Idem, p. 26.
130. Mário Palmério. *Vila dos Confins*. Rio de Janeiro: Livraria José Olympio Editora, 1981, pp. 248-49.
131. Entrevista ao autor, em 02/07/2003.
132. Segundo Sepúlveda Pertence, o mapismo é a redistribuição dos votos a partir do registro das abstenções.
133. Raymundo Faoro. Op. cit., p. 152.
134. Machado de Assis. *História de quinze dias. 15 de agosto de 1896.* Op. cit.

135. Laurence Rees. Op. cit., p. 75.
136. Idem, p. 76 e 77.
137. Uma suposta conta secreta com US$ 368 milhões, cujos sócios seriam Fernando Henrique Cardoso, José Serra, Mário Covas e Sérgio Motta.
138. *Folha de S. Paulo*. Edições de 13/11/2000 e 19/11/2000.
139. *O Globo*, 14/03/2002.
140. Idem.
141. *Folha de S. Paulo*, 23/03/2002.
142. João Batista Petersen Mendes. Op. cit.
143. Instrução Normativa Conjunta do Tribunal Superior Eleitoral e Secretaria da Receita Federal nº 183 (26/07/2002) determinou que os comitês financeiros dos partidos políticos e os candidatos a cargos eletivos fizessem inscrição no Cadastro Nacional de Pessoa Jurídica. Simultaneamente, após a prestação de contas, o TSE encaminharia à SRF as informações sobre fontes de arrecadação. Abriu, também, a possibilidade de qualquer cidadão apresentar denúncia à SRF sobre uso indevido de recursos, financeiros ou não. Analisada, a denúncia será encaminhada ao TSE. Mas, por força do artigo 198 da Lei 5.172 de 25 de outubro de 1966, as denúncias e os resultados não são divulgados.
144. *Folha de S. Paulo*, 21/03/2002.
145. *O Estado de S. Paulo*, 13/03/2002.
146. *Folha de S. Paulo*, 21/03/2002.
147. Idem.
148. *Jornal do Brasil*, 23/07/1993.
149. *Época*, 25/03/2002.
150. *Veja*, 14/03/2001.
151. *Veja*, 15/05/2002.
152. Walter Costa Porto. Op. cit.
153. Prefácio a *Evolução do sistema eleitoral brasileiro*, de Manoel Rodrigues Ferreira, p. 25.
154. Cesar Maia. Op. cit., p. 83.
155. Simon Schwartzman. *Bases do autoritarismo brasileiro*. Rio de Janeiro: Campus, 1982, pp. 17-18.
156. *Folha de S. Paulo*, 14/12/2003, p. A-14.

157. Prefácio a *Rodrigues Alves — Apogeu e declínio do presidencialismo*, de Afonso Arinos de Melo Franco, p. 51.
158. Edward Anthony Riedinger. Op. cit., p. 243. Riedinger é apresentado como secretário de JK, de 1972 a 1976. Muito provavelmente um ingênuo disfarce para encobrir sua função de professor de inglês do ex-presidente.
159. João Ubaldo Ribeiro. *Livro de histórias*. Rio de Janeiro: Nova Fronteira, 1981, pp. 180-81.
160. Francisco de Assis Barbosa. Citado em *História do povo brasileiro*. Afonso Arinos de Melo Franco/J. Quadros Editores Culturais, 1967, 5° volume, p. 180.
161. Ulysses Lins. *Um sertanejo e o sertão*, pp. 46-47. Citado por Edgar Carone em *A República Velha (Instituições e classes sociais)*. Rio de Janeiro: Difel, 2ª edição, 1972, p. 300.
162. Eloy Dutra. *Ibad — Sigla da corrupção*. Rio de Janeiro: Civilização Brasileira, 1963, p. 10 e 11.
163. Íntegra da entrevista pode ser lida em *O Globo*, p. 8, 25/12/2002.
164. Edward Riedinger. Op. cit. As informações sobre o financiamento de campanha de JK foram extraídas, em geral, do capítulo VII, p. 221.
165. Edward Riedinger. Op. cit., p. 73.
166. Idem, p. 247.
167. Idem, p. 243.
168. Sebastião Pais de Almeida. *Dicionário histórico-biográfico brasileiro*. Rio de Janeiro: Cpdoc, Ed. FGV, 2001, vol. 1.
169. Entrevista de Plácido da Rocha Miranda ao autor em janeiro de 2003.
170. Concorreram também Juarez Távora, Ademar de Barros e Plínio Salgado.
171. Nesse período, o dólar tinha duas cotações: Taxa Administrada e Taxa Livre. A eleição de JK, na cotação do dólar pela Taxa Administrada (Cr$ 18,82) teria custado US$ 2.656.748.14. Pela Taxa Livre (Cr$ 66,93) o custo baixaria para US$ 746.987,77. O valor do dólar não foi atualizado.
172. Jânio Quadros renunciou em 25 de agosto de 1961, sete meses depois de eleito.

173. A votação ocorreu no dia 25 de abril de 1984. Para ser aprovada, o Projeto de Emenda Constitucional (Pec) número 5 — chamada Dante de Oliveira, em homenagem ao autor da proposta — precisava de 320 votos. O placar da derrota foi o seguinte: 298 votos a favor; 65 contra e 3 abstenções. Houve 113 parlamentares que não compareceram. Faltaram, assim, 22 votos para a aprovação.
174. Mario Garnero. *Jogo duro — O caso do Brasilinvest e outras histórias de velhas e novas Repúblicas*. São Paulo: Best Seller, 1988.
175. Mario Garnero teve papel importante na Associação Nacional de Fabricante de Veículos (Anfavea) e na Confederação Nacional da Indústria, entre outras. Em 1984, foi escolhido como Homem do Ano pela Câmara Americana de Comércio. Em 1985, o grupo Brasilinvest, de Garnero, sob acusação de falta de liquidez e de desvio de recursos para o exterior, teve a liquidação extrajudicial decretada e ele foi obrigado a passar o controle da empresa Nec para o empresário Roberto Marinho.
176. Tancredo Neves obteve 480 votos e Paulo Maluf, 180. O presidente eleito, operado às vésperas da posse, faleceu em 21 de abril de 1985. O vice-presidente José Sarney assumiu o governo.
177. Garnero. Op. cit.
178. Entrevista ao autor, em março de 2003.
179. Garnero. Op. cit.
180. Posteriormente se tornou ministro da Indústria e Comércio, no governo de José Sarney.
181. Entrevista ao autor.
182. *Veja*, nº 1.236, 25/05/1992.
183. Relatório final da Comissão Parlamentar Mista de Inquérito, criada pelo requerimento nº 52/92-CN.
184. Idem, p. 27.
185. Conti. Op. cit., p. 418.
186. Idem. pp. 418 e 419.
187. Equivalente a US$ 2.446.782,48, com o dólar cotado a NCz$ 4,08 no dia da eleição (06/10/1989).
188. Conti. Op. cit., pp. 281-82.
189. Idem, p. 284.

190. Idem, p. 289.
191. Relatório da CPI. Op. cit., p. 182.
192. Idem, p. 182.
193. Idem, p. 5. A frase teria sido inspirada inoportunamente em um verso do poeta chileno Pablo Neruda: "Nosotros ya no somos los mismos."
194. "Fraude e corrupção no Brasil: a perspectiva do setor privado". O questionário foi respondido por 176 empresas.
195. "Corrupção no Brasil: a perspectiva do setor privado", 2003. Foram respondidos 78 questionários. A maioria das empresas com sede em São Paulo.
196. Uma deformação pragmática e corrompida das palavras de são Francisco de Assis: "É dando que recebemos."
197. Entrevista a Gilberto Scofield Jr. *O Globo*, p. 13, 15/12/2002.
198. Idem.
199. *O Globo*, p. 10, 16/03/2003.
200. *Folha de S. Paulo*, p. 3, Tendências/Debates.
201. Os nomes citados foram suprimidos, por decisão do autor.
202. Fotocópia da edição do jornal *Monitor Campista*, de 20.03.1881, publicada em *História do Voto no Brasil*. Jairo Nicolau. Jorge Zahar Editor, 2002.
203. IstoÉ Online em http://terra.com.br/istoe/1781/brasil/1781_orfa_reformas.htm
204. Idem.
205. Entrevista ao autor em agosto de 2004.
206. O valor de R$ 812 milhões foi encontrado tendo como base o número de eleitores inscritos na eleição de 2002.
207. Não há um cálculo confiável para determinar o dinheiro movimentado pelo caixa dois. O deputado Alexandre Cardoso, presidente da Comissão de Reforma Política diz que tem estudos mostrando que para cada R$ 1 do caixa um há R$ 9 do caixa dois. Um cálculo absolutamente moderado indica a relação de "dois por um": cada real declarado corresponderia a dois reais omitidos.
208. Em Brasília. Distrito Federal.
209. Samuels. Op. cit.

Perfis biográficos

Ademar de Barros — Paulista. Médico. Fundador do Partido Social Progressista (PSP). Foi interventor (1938/1941), governador duas vezes (1947/1951 e 1963/1966) e prefeito de São Paulo (1957/1961). Também por duas vezes foi derrotado como candidato à presidência da República (1955 e 1960). Apoiou o golpe militar de 1964. Em 1966, teve o mandato de governador cassado e os direitos políticos suspensos pela ditadura militar.

Afonso Arinos — Mineiro. Deputado federal. Senador. Duas vezes ministro das Relações Exteriores (1961 e 1962). Professor. Constitucionalista. Da Academia Brasileira de Letras.

Assis Chateaubriand — Paraibano. Jornalista. Empresário. Senador pela Paraíba (1952/1955) e pelo Maranhão (1957/1960). Embaixador na Inglaterra (1957/1960). Fundou os Diários Associados, o maior conglomerado jornalístico do Brasil (rede de televisão, cadeia de rádios, jornais e revistas) até meados dos anos 1960.

Azevedo Antunes — Mineiro. Empresário. Setor de minério. Controlava o grupo Caemi.

Bernardo Pereira de Vasconcelos — Mineiro. Estudou Direito em Coimbra. Deputado-geral em 1826. Um dos mais hábeis políticos do Primeiro Reinado ao início do Segundo Reinado. Os americanos o consideravam "o Franklin ou o Adams do Brasil", segundo o reverendo R. Walsh diz no livro *Notícias do Brasil* (p. 214. Ed. Itatiaia/Edusp).

Bresser Pereira — Paulista. Administrador de empresas. Jornalista. Ministro da Fazenda (1987). Ministro da Administração e Reforma do Estado (1995/1998). Ministro da Ciência e Tecnologia (1999). Foi caixa da segunda campanha presidencial de Fernando Henrique, em 1998.

Celso da Rocha Miranda — Fluminense. Advogado. Empresário. Atuava nos ramos de seguros, prospecção e petroquímica. Ligado politicamente a Juscelino Kubitschek, integrava o grupo que preparava o retorno de JK à presidência. Controlador da Panair do Brasil. A empresa aérea, ao ser fechada arbitrariamente em 1965, tornou-se a primeira pessoa jurídica vítima da ditadura militar.

Celso Daniel — Paulista. Administrador de Empresas. Em 1980 participou da fundação do Partido dos Trabalhadores. Três vezes eleito prefeito de Santo André (SP): 1988, 1996 e 2000. Em 1994 elegeu-se deputado federal. Era coordenador da campanha de Lula à presidência, em 2002, quando foi assassinado.

Eduardo Gomes — Fluminense. Militar. Participou dos movimentos militares dos anos 1920. Em 1922, estava no levante conhecido como "Os 18 do Forte". Candidatou-se por duas vezes, sem sucesso, à presidência da República (1945 e 1950). Ministro da Aeronáutica por duas vezes: de 1954 a 1955 e durante a ditadura militar de 1965 a 1967.

Eloy Dutra — Fluminense. Advogado, Jornalista. Deputado. Vice-governador do estado da Guanabara. Em 1964, teve o mandato de deputado cassado e os direitos políticos suspensos pela ditadura militar.

Florestan Fernandes — Paulista. Sociólogo. Preso e cassado pela ditadura militar de 1964. É autor de *A revolução burguesa no Brasil*. Afastado da Universidade de São Paulo em 1969, foi aposentado pelo Ato Institucional número 5. Deputado federal. Ligou-se ao Partido dos Trabalhadores, pelo qual se elegeu para a Câmara.

Francisco Belisário Soares de Souza — Fluminense. Advogado. Jornalista. Senador. Ministro da Fazenda (1885/1888).

Francisco de Assis Barbosa — Paulista. Historiador. Biógrafo. Jornalista. Foi assessor de documentação da presidência da República, no governo Juscelino Kubitschek. Da Academia Brasileira de Letras.

Francisco de Sales Torres Homem, Barão de Inhomirin — Fluminense. Médico. Jornalista. Parlamentar. Lutou pela extinção da escravatura. Escreveu o panfleto *O libelo do povo*, antes de transitar do liberalismo para o conservadorismo.

Franco Montoro — Paulista. Advogado. Professor. Deputado federal. Senador. Ministro do Trabalho (1961/1962). Governador de São Paulo (1983/1987).

Gilberto Amado — Sergipano. Deputado federal. Senador. Diplomata. Jornalista. Embaixador no Chile (1936/1937) e na Itália (1939/1942). Da Academia Brasileira de Letras.

Gilberto Freyre — Pernambucano. Antropólogo. Sociólogo. Deputado federal de uma só eleição (1946/1951). Foi partidário do golpe militar que depôs o presidente João Goulart. Entre outros livros, escreveu *Casa-grande & senzala*. Da Academia Brasileira de Letras.

Gustavo Capanema — Mineiro. Ministro da Educação (1934/1945) durante o Estado Novo. Deputado federal. Senador. Ministro do Tribunal de Contas da União (1959/1961).

Hermes Lima — Baiano. Advogado. Jurista. Deputado estadual (BA). Deputado federal (RJ). Jornalista. Chefe da Casa Civil da presidência da República (1961/1962). Ministro do Trabalho e Previdência Social (1962). Primeiro-ministro no regime parlamentarista e ministro das Relações Exteriores. Ministro do Supremo Tribunal Federal. Foi afastado do STF pela ditadura militar. Da Academia Brasileira de Letras.

Horácio Lafer — Paulista. Advogado. Empresário. Deputado classista na Constituinte (1933). Deputado federal (1934). Eleito para a Constituinte de 1945. Ministro da Fazenda (1951). Ministro das Relações Exteriores (1959). Presidiu o Museu de Arte Moderna de São Paulo.

Jânio Quadros — Mato-grossense. Presidente da República (1961). Advogado. Professor. Prefeito de São Paulo por duas vezes (1953/1954 e 1986/1989). Governador de São Paulo (1955/1959). Renunciou à presidência em agosto de 1961. Teve os direitos políticos suspensos pela ditadura militar.

João Baptista de Figueiredo — Carioca. Militar. O último presidente da ditadura militar (1979/1985), eleito por via indireta. Chefe do Gabinete Militar da Presidência da República (1969/1974). Chefe do Serviço Nacional de Informações, o SNI (1974/1978).

João Goulart — Gaúcho. Presidente da República (1961/1964). Deputado federal. Ministro do Trabalho (1953/1954). Vice-presidente da República por duas vezes: com Juscelino Kubitschek (1956/1961) e com Jânio Quadros, que foi eleito em 1961 e renunciou em agosto do mesmo ano. Teve o mandato de presidente cassado e os direitos políticos suspensos pela ditadura militar.

João Neves da Fontoura — Gaúcho. Deputado federal. Embaixador do Brasil em Portugal (1943/1945). Duas vezes ministro das Relações Exteriores (1946 e 1951/1953).

Joaquim Nabuco — Pernambucano. Advogado. Diplomata. Político. Escritor. Deputado. É autor de *Um estadista do Império*, um retrato marcante do Primeiro Reinado, a partir da figura de Nabuco de Araújo, seu pai. Na Câmara marcou presença com intensa campanha pelo abolicionismo. Monarquista convicto, saiu da vida pública com a Proclamação da República. Da Academia Brasileira de Letras.

José Bonifácio de Andrada e Silva, o Moço — Nasceu em Bordéus, durante o exílio da família Andrada na França. Advogado. Professor. Senador. Abolicionista. Sobrinho de José Bonifácio, o Patriarca da Independência. Da Academia Brasileira de Letras.

José Bonifácio de Andrada, o Zezinho Bonifácio — Mineiro. Político. Eleito seguidamente deputado federal de 1946 a 1979. Tornou-se uma das principais figuras do Congresso com a ditadura militar iniciada em 1964.

José de Alencar — Cearense. Romancista. Advogado. Jornalista. Deputado. Era filiado ao Partido Conservador. Na sua extensa produção intelectual constam *O Guarani* e *Iracema*, dois dos mais populares romances da literatura brasileira. Ministro da Justiça (1868/1870). Da Academia Brasileira de Letras.

José Hugo Castelo Branco — Mineiro. Advogado. Vereador. Ministro da Indústria e Comércio (1986/1988). Deputado estadual (PTB-MG). Presidiu o Banco do Estado de Minas Gerais e o Banco de Desenvolvimento de Minas Gerais.

José Vieira — Paraibano. Funcionário público. Jornalista. Escritor. Trabalhou no Departamento de Imprensa e Propaganda (DIP) do Estado Novo e fazia as correções lingüísticas dos discursos de Getúlio Vargas. Presidente da Academia Petropolitana de Letras (1923/1925).

Juarez Távora — Cearense. Militar. Participou das revoltas militares de 1922, 1924 e integrou a Coluna Prestes. Destacou-se a partir do movimento tenentista que desembocou na Revolução de 1930. Ministro da Viação (1930). Ministro da Agricultura (1932/1934). Candidato à presidência da República em 1955. Deputado federal. Aderiu ao golpe militar de 1964 e voltou a ocupar o Ministério da Viação (1964/1967).

Juscelino Kubitschek — Mineiro. Médico. Presidente da República (1956/1961). Deputado federal (1935/1937 e 1946/1950) e deputado constituinte (1945). Governador de Minas Gerais (1951/1955). Senador por Goiás (1961/1964). Fundador de Brasília. Em 1964, teve o mandato de senador cassado e os direitos políticos suspensos pela ditadura militar.

Leonel Brizola — Gaúcho. Engenheiro. Deputado federal. Governador do Rio Grande do Sul (1959/1963). Duas vezes governador do Rio de Janeiro (1983/1987 e 1991/1994). Líder da resistência ao movimento militar que tentou impedir a posse de João Goulart, em 1961. Teve o mandato de deputado cassado e os direitos políticos suspensos pela ditadura militar. Fundador do Partido Democrático Trabalhista (PDT). Candidato a presidente da República (1989) e a vice-presidente na chapa de Lula, em 1998.

Lima Barreto — Carioca. Romancista. Jornalista. Autor, entre outros, de *Recordações do escrivão Isaías Caminha* e *Triste fim de Policarpo Quaresma*, dois dos melhores romances da literatura brasileira.

Mário Palmério — Mineiro. Romancista. Professor. Deputado federal. Embaixador no Paraguai. Durante vários anos viveu em um barco viajando pelo rio Amazonas e afluentes. Da Academia Brasileira de Letras.

Negrão de Lima — Mineiro. Advogado. Deputado Federal. Ministro da Justiça (1951/1953). Prefeito do Distrito Federal (1956/1958). Ministro das Relações Exteriores (1958/1959). De 1965 a 1971 governou o estado da Guanabara, criado, em 1960, após a mudança da capital para Brasília, e fundido, em 1975, com o Rio de Janeiro.

Oliveira Viana — Fluminense. Jurista. Historiador. Sociólogo. Ministro do Tribunal de Contas da República. É autor de *Populações meridionais do Brasil*, livro de referência sobre a formação brasileira. Da Academia Brasileira de Letras.

Padre Antônio Vieira — Português. Sacerdote. Veio para o Brasil em 1616. Ordenou-se sacerdote em 1635. Os Sermões de Vieira comprovam a fama de orador prodigioso. Foi perseguido pela Inquisição.

Paulo César Cavalcante Farias, PC Farias — Alagoano. Advogado. Empresário. Caixa da campanha presidencial de Fernando Collor. O desentendimento entre PC Farias e Pedro, irmão de Fernando, gerou a Comissão Parlamentar de Inquérito que levou ao *impeachment* do presidente.

Pedro Collor de Mello — Alagoano. Empresário. Pivô da crise que gerou o escândalo que atingiu diretamente o irmão no exercício da presidência da República, a partir da entrevista que deu à revista *Veja* que circulou em 24/05/1992.

Pedro II — Carioca. Imperador do Brasil (1840/1889).

Plínio Salgado — Paulista. Professor. Jornalista. Fundou a Ação Integralista Brasileira. Deputado federal pelo Paraná (1959/1963) e por São Paulo (1963/1974). Candidato à presidência da República em 1955.

Rachel de Queiroz — Cearense. Romancista. Cronista. Descendia, pelo lado materno, do escritor José de Alencar. Aos 20 anos de idade lançou o seu mais famoso romance: *O quinze*. Da Academia Brasileira de Letras.

Raymundo Faoro — Gaúcho. Jurista. Historiador. Presidiu o Conselho Federal da Ordem dos Advogados do Brasil (1977/1979). Como publicista manteve colaboração semanal nas revistas *Senhor*, *IstoÉ* (fase

Mino Carta), *Jornal da República* e *Carta Capital*. Seu livro *Os donos do poder* é considerado um dos mais importantes já publicados por autores brasileiros. Da Academia Brasileira de Letras.

Rui Barbosa — Baiano. Advogado. Jurista. Diplomata. Senador. Ministro da Fazenda e da Justiça, durante o governo provisório da República. São dele as linhas básicas da primeira Constituição republicana. Da Academia Brasileira de Letras.

Sebastião Pais de Almeida — Mineiro. Advogado. Empresário. Deputado federal. Presidente do Banco do Brasil (1956/1959). Ministro da Fazenda (1963/1966). Em 1966, teve os direitos políticos suspensos pela ditadura militar.

Sérgio Motta — Paulista. Engenheiro. Empresário. Ministro das Comunicações (1995/1998). Coordenador de campanha de Fernando Henrique Cardoso à prefeitura de São Paulo, em 1986, e à presidência da República nas eleições de 1994 e 1998.

Tancredo Neves — Mineiro. Deputado federal. Senador. Ministro da Justiça (1953/1954) no governo Getúlio Vargas. Primeiro-ministro (1961/1962) no regime parlamentarista. Governador de Minas Gerais (1983/1984). Foi eleito presidente da República, por via indireta, em novembro de 1984. Morreu antes de tomar posse.

Tavares Bastos — Alagoano. Advogado. Jornalista. Deputado. Seu livro mais importante e conhecido é *A província*, no qual debate a questão da descentralização ou da federalização brasileira. Da Academia Brasileira de Letras.

Wolff Klabin — Lituano. Contabilista. Empresário. Pai de Israel Klabin, empresário e ex-prefeito do Rio de Janeiro (1979/1980).

Bibliografia

Abranches, Dunshee de. *Como se faziam presidentes — Homens e fatos do início da República*. Rio de Janeiro: José Olympio Editora, 1973.
Alencar, José de. *Systema representativo*. Brasília: Senado Federal, 1997, edição fac-similar.
Almeida, Jorge. *Marketing Político. Hegemonia e Contrahegemonia*. São Paulo: Fundação Perseu Abramo/Xamã Editora, 2002.
Amado, Gilberto. *Eleição e representação*. Brasília: Senado Federal, 1999.
——. *Presença na política*. Rio de Janeiro: José Olympio Editora, 1960, 2 ed.
Assis, Machado de. *Obra completa*. Rio de Janeiro: Nova Aguilar, 1985.
Barreto, Lima. *Recordações do Escrivão Isaías Caminha*. Rio de Janeiro: Itatiaia, 1990.
Bobbio, Norberto e Viroli, Maurizio. *Diálogo sobre a República*. Rio de Janeiro: Campus, 2002.
Carone, Edgar. *A República Velha (Instituições e classes sociais)*. Rio de Janeiro: Difel, 1972, 2 ed.
Carvalho, Orlando M. *Ensaios de sociologia eleitoral*. Belo Horizonte: Imprensa da Universidade de Minas Gerais, 1958, edições da *Revista Brasileira de Estudos Políticos*.
Carvalhosa, Modesto (coord.). *O livro negro da corrupção*. São Paulo: Paz e Terra, 1995.
Celso, Afonso. *Oito anos de Parlamento*. Brasília: Senado Federal, 1998, Biblioteca Básica Brasileira.

Cerqueira Leite, Beatriz Westin de. *O Senado nos anos finais do Império (1870-1889)*. Brasília: Senado Federal/Editora da UNB, 1978.

———. *Perfis Parlamentares (13). José Bonifácio (O moço)*. Brasília: Câmara dos Deputados, 1978.

Chacon, Wamireh. *Estado e povo no Brasil — As experiências do Estado Novo e da democracia populista (1937-1964)*. Rio de Janeiro: José Olympio Editora/Câmara dos Deputados, 1977.

Conti, Mário Sergio. *Notícias do Planalto*. São Paulo: Companhia das Letras, 1999.

Costa Porto, Walter. *Dicionário do Voto*. Brasília/São Paulo: Editora da UnB/Imprensa Oficial, 2000.

Costa Porto, Walter. *O voto no Brasil*. Rio de Janeiro: TopBooks, 2002, 2 ed.

Dutra, Eloy. *Ibad — Sigla da corrupção*. Rio de Janeiro: Civilização Brasileira, 1963.

Faoro, Raymundo. *Machado de Assis: A pirâmide e o trapézio*. São Paulo: Globo, 1988, 3 ed.

———. *Os donos do poder — Formação do patronato político brasileiro*. São Paulo: Globo/Editora da Universidade de São Paulo, 1975, 2 ed.

Fausto, Boris (org.). *O Brasil Republicano*. Rio de Janeiro: Difel, 1975, Tomo III, 1 v. "Estrutura de Poder e Economia (1889/1930)".

Fernandes, Florestan. *A revolução burguesa no Brasil. Ensaio de interpretação sociológica*. Rio de Janeiro: Zahar Editores, 1974.

Ferreira, Manoel Rodrigues. *A evolução do sistema eleitoral brasileiro*. Brasília: Senado Federal, 2001.

Filho, Expedito. *Nos bastidores da campanha — Uma crônica da vitória*. Rio de Janeiro: Objetiva, 1994.

Freyre, Gilberto. *Quase política*. Rio de Janeiro: José Olympio Editora, 1966.

Garnero, Mario. *Jogo duro. O caso Brasilinvest e outras histórias de velhas e novas Repúblicas*. São Paulo: Best Seller, 1988, 2 ed.

Hambloch, Ernest. *Sua majestade o presidente do Brasil — Um estudo do Brasil Constitucional (1889-1934)*. Brasília: Editora da UnB, 1981.

Honório Rodrigues, José. *Conciliação e Reforma no Brasil*. Rio de Janeiro: Nova Fronteira, 1982, 2 ed.

Jobim, Nelson. *Relatório das eleições de 2002*. Brasília: Tribunal Superior Eleitoral, 2003.

Lavareda, Antonio. *A democracia nas urnas. O processo partidário eleitoral brasileiro*. Rio de Janeiro: Iuperj/Rio Fundo Editora, 199.

Lima Junior, Olavo Brasil de (org.). *O balanço do poder — Formas de dominação e representação*. Rio de Janeiro: Iuperj/Rio Fundo Editora, 1990.

Lima, Hermes. *Travessia — Memórias*. Rio de Janeiro: José Olympio Editora, 1974.

Magalhães Júnior, R. *Três panfletários do Segundo Reinado*. Rio de Janeiro: Cia. Editora Nacional, 1956, coleção Brasiliana, v. 286.

Maia, César. *Política é Ciência*. Participam: Alba Zaluar, Jayme Zettel, Luís Erlanger, Maria Alice Rezende de Carvalho e Mauricio Dias. Rio de Janeiro: Editora Revan, 1998.

Medeiros, Alexandre. *Nos bastidores da campanha. Luiz Inácio Lula da Silva. Crônica de um sonho*. Rio de Janeiro: Objetiva, 1994.

Melo Franco, Afonso Arinos de. *Problemas Políticos Brasileiros*. Rio de Janeiro: José Olympio Editora, 1975.

Melo Franco, Afonso Arinos e Quadros, Jânio. *História do povo brasileiro*. São Paulo: Editores Culturais, 1967.

Mercadante, Paulo. *A consciência conservadora no Brasil*. Rio de Janeiro: Civilização Brasileira, 1972, 2 ed.

Monteiro Soares, Rosinethe e Baaklini, A.I. *Centro de Informação e Documentação*. Brasília: Câmara dos Deputados, 1975.

Murilo de Carvalho, José. *Os bestializados. O Rio de Janeiro e a República que não foi*. São Paulo: Companhia das Letras, 1987.

———. *Teatro de sombras. A política imperial*. Rio de Janeiro: Iuperj/Vértice, 1988.

Nabuco, Joaquim. *Minha formação*. Rio de Janeiro: Topbooks, 1999.

———. *O Abolicionismo*. Petrópolis: Vozes/Instituto Nacional do Livro, 1977.

Netto Rodrigues, Maria Regina Adoglio. *Eleições — Vende-se um candidato*. s/l: Milesi Editora, 1981.

Nicolau, Jairo. *A história do voto no Brasil*. Rio de Janeiro: Jorge Zahar Editor, 2002.

———. *Sistema eleitoral e reforma política*. Rio de Janeiro: Foglio, 1993.

Nogueira Saldanha, Nelson. *História das idéias políticas no Brasil*. Brasília: Senado Federal, 2001, coleção Biblioteca Básica Brasileira.

Nunes Leal, Victor. *Coronelismo, enxada e voto*. São Paulo: Alfa-Omega, 1975.

Oliveira Torres, João Camillo de. *O Presidencialismo no Brasil*. Edições O Cruzeiro, 1962.

Palmério, Mario. *Vila dos Confins*. Rio de Janeiro: José Olympio Editora, 1981, 20 ed.

Paraná, Denise. *Lula — O filho do Brasil*. São Paulo: Fundação Perseu Abramo, 2002.

Peixoto, Afrânio e Alves, Constâncio (orgs.). *Antologia Brasileira. José Bonifácio (O velho e o moço)*. Rio de Janeiro: Livraria Francisco Alves, 1920.

Petersen, João Batista (org.). *A CPI do PC e os crimes do poder — Texto integral do relatório*. Rio de Janeiro: Foglio Editora, 1992.

Rees, Laurence. *Partido dos Trabalhadores — Trajetórias — Das origens à vitória de Lula*. São Paulo: Fundação Perseu Abramo, 2002.

———. *Vende-se política*. Rio de Janeiro: Revan, 1995.

Riedinger, Edward Anthony. *Como se faz um presidente — A campanha de JK*. Rio de Janeiro: Nova Fronteira, 1988.

Rodrigues Alves. *Apogeu e declínio do presidencialismo*. Brasília: Senado Federal, 2001.

Samuels, David. *Financiamento de campanha no Brasil e propostas de reforma*. Universidade de Minnesota.

Santos, Wanderley Guilherme dos. *Dois escritos democráticos de José de Alencar*. Rio de Janeiro: Editora UFRJ, 1991.

Schwartzman, Simon. *Bases do autoritarismo brasileiro*. Rio de Janeiro: Campus, 1982.

Soares de Souza, Francisco Belisário. *O sistema eleitoral no Império*. Brasília: Editora da UnB/Senado Federal, 1979.

Speck, Bruno Wilhelm (org.). *Caminhos da transparência*. São Paulo: Editora da Unicamp, 2002.

Ubaldo Ribeiro, João. *Livro de histórias*. Rio de Janeiro: Nova Fronteira, 1981.

Viana, Oliveira. *Instituições políticas brasileiras*. Brasília: Senado Federal. 1999, coleção Biblioteca Básica Brasileira.

Vieira, José. *A cadeia velha. Memória da Câmara dos Deputados (1909)*. Brasília: Senado Federal/Fundação Casa de Rui Barbosa, 1980.

Vilaça, Marcos Vinicios e Cavalcanti de Albuquerque, Roberto. *Coronel coronéis*. Niterói: Tempo Brasileiro/Editora da Universidade Federal Fluminense, 1988.

Victoria Benevides, Maria; Vannuchi, Paulo e Kerche, Fabio (orgs.). *Reforma política e cidadania*. São Paulo: Instituto Cidadania/ Fundação Perseu Abramo, 2003.

Este livro foi composto na tipologia Arrus
em corpo 11/17 e impresso em papel Pólen
Bold 90g/m² no Sistema Cameron da Divisão
Gráfica da Distribuidora Record.

Seja um Leitor Preferencial Record
e receba informações sobre nossos lançamentos.
Escreva para
RP Record
Caixa Postal 23.052
Rio de Janeiro, RJ – CEP 20922-970
dando seu nome e endereço
e tenha acesso a nossas ofertas especiais.

Válido somente no Brasil.

Ou visite a nossa *home page*:
http://www.record.com.br